像佛洛伊德一樣
反應與思考

皮埃爾・瓦羅德　著
姜盈謙　譯

Pierre Varrod

Agir et penser comme Freud

方舟文化

目錄 SOMMAIRE

Comment lire ce livre selon ton profil

如何閱讀這本書？

1 你是隨時準備萬全的專家

你喜歡在一開始便開始準備，以便日後有所回報。事實上，準備的時間即是投資，幾乎穩賺不賠。在你看來，不事先研究而看似省下的時間，會因事後的錯誤付出龐大的代價。

2 **你是即興的冒險家**

你喜歡隨機應變，因此事前的準備總是不充分，即使偶爾會失誤，你的步調還是很快。隨著時間的推移，你在人生道路上的彎路越來越窄，你也越走越快。

如果你是即興的冒險家，該如何閱讀這本書？

請根據最吸引你的標題，任選六章中的其中一章來閱讀，然後用同樣的方式閱讀其他章節。換句話說，你可以跳過提及佛洛伊德（Freud）獨特心靈景觀的導論章節，因為他在地圖上標出的中心位置跟其他人不同，他也沒有在表面描繪出高速公路路線，而是藏在曲徑裡。

漸漸地，你會發現佛洛伊德的獨特性，尤其是他的偉大之處和影響力：**他翻轉所有人的一切認知，對前人置之不理的事物感興趣**。到最後，你或許會飛速地閱讀導論，來檢視你對他理解了多少，例如他的做事方式，以及他逆向思考下的累累成果，就像佛洛伊德自比的哥白尼（Copernic）和達爾文（Darwin）一樣。然而，這六個章節是有邏輯順序的，至少在我這個作者的眼中是如此。

如果你是隨時準備萬全的專家，該如何閱讀這本書？

從導論的章節開始閱讀。你會在這章發現佛洛伊德令人費解的心靈景觀地圖，因為他在地圖標出的中心位置跟其他人不同，比起表面描繪的高速公路路線，他對於景觀的幽深之境更感興趣。你將會掌握關鍵，來理解佛洛伊德的獨特性，尤其是他的偉大之處和影響力：他翻轉所有人的一切認知，對前人置之不理的事物感興趣。

如果你理解了他的邏輯，以及看到他逆向思考下的累累成果——就像佛洛伊德自比的哥白尼和達爾文一樣，你將更輕易地讀完六個章節。一旦掌握了方法，你便可以有效率地理解書中的正文。這六個章節是有邏輯順序的，以下為簡要內容。

第一章「佛洛伊德教我們，仔細聆聽夢境」，是一種舒緩神經細胞的暖身；我們要讓神經細胞做出很不常見的動作，可能會觸犯毫無防備的情感。夢境的語言是一門外語，我們在深夜中不知不覺地練習，並在我們醒來後留下神祕的痕跡。唯有活躍的神經細胞才能捕捉這些痕跡，並找出箇中趣味。

第二章「佛洛伊德教我們，不要在柔情與性欲之間二選一」，這個章節將帶我們跳出習慣的二元思維。在達米恩・查澤雷（Damien Chazelle）的電影《樂來越愛你》（*La La Land*，二〇一六年）中，兩位戀人不得不在愛情和職涯之間做出選擇。在悲劇《熙德》（*Le Cid*，一六三七年，皮耶．高乃依〔Pierre Corneille〕的代表作）中，戀愛中的年輕騎士必須在榮譽和愛情之間做抉擇。幾個世紀以來，狂風暴雨不斷向我們襲來，我們必須在A和B兩個解決方案之間做出選擇。然而，在現實生活當中，你才是呼風喚雨的那個人。

第三章「佛洛伊德教我們，原諒那些傷人的話語，你的敵人不知道自己的內心受傷了」，顯然與我們的慣常思維背道而馳。當我們受到攻擊時，與其專注於分析攻擊行為和攻擊者，不如嘗試分析自己的反應——我們遭遇的事情，比不上如何處理發生在自己身上的事情來得有趣。最能讓我們認清自己的，是我們的反應，這就是我們感興趣的，對吧？無論如何，如果你拿著一塊熾熱的炭扔向某人，燙傷的會是你自己。

第四章「佛洛伊德教我們，要不要毫無節制地抽菸、喝酒、開車，由你決定」，讓我們重新審視自己的缺陷。我們的選擇是有價值的，即使向親人或專業人士尋求建議，最終做決定的還是我們自己。雖然法國前總統尼古拉．薩科吉（Nicolas Sarkozy）的名言「你給我滾，白癡！」讓我們理解什麼是面臨侵犯時的過度反應。不過，不需要任何人挑釁而讓自己走向極端的科盧奇[註1]，則讓我們理解，承擔自己的選擇，代表的是什麼意思。無論如何，如果享樂必須付出高昂的代價，一旦缺乏愉悅感，肉體將做出更大的犧牲。

第五章「佛洛伊德教我們，性是心靈的第一個訪客」，別誤會，佛洛伊德並沒有站在道德的制高點輕蔑地打量我們，相反地，他還因此受到指責。但佛洛伊德既不支持也不反對道德，而是持中

註1

譯註：Coluche，法國幽默大師和喜劇演員，敢於針砭時政，挑戰社會的道德禁忌，1986年因車禍事故喪生。

立態度。可以肯定的是，我們的腦袋裡塞滿了不太合乎道德的衝動能量。該怎麼辨呢？佛洛伊德的弟子威廉・賴希（Wilhelm Reich）後來與這位精神分析的創始人漸行漸遠，決心說出，文明抑制內心的衝動讓我們生病，如果想要快樂，就必須將之拋諸腦後。但是，在是或非的選項裡，佛洛伊德找到了第三種解決方案！

第六章名為「佛洛伊德教我們，永遠不要輕忽陰蒂」，雖然這個標題有點爭議性，但不要小看它，它表達了很多作家不敢表達的概念：讀萬卷書不如行萬里路。佛洛伊德毫不猶豫地重申這個理念，再次展現了他是一位罕見的思想家。無論你是女孩還是男孩，書本上的解剖學課程和它帶來的愉悅感，仍然是抽象的。精神分析學家一致推薦的解決方案，是放下你的書（無論它的內容多麼有智慧），然後採取行動。以「知識有局限，而生命無窮盡」的這門課，來為本書作結，是佛洛伊德對讀者的會心一笑。

一旦理解了思想家佛洛伊德的特點，就可以回頭快速地閱讀導論來確認，這章清楚明瞭地解釋了佛洛伊德的偉大之處和獨創性。

PROLOGUE 前言

一道謎題可以有多種解法

挑戰：在不更換單詞的情況下扭轉句意

人類的大腦是一台生產意義的機器。遇見別人時，我們喜歡揣測他們的心理。在所有動物中，人類最常皺起眉頭來表達感受，我們的大腦擅長破解非口述語言。我們也不喜歡偶然，而是傾向尋找往往八竿子打不著邊的因果關係。但面對的若是夢境、失敗和口誤，我們便放棄了，因為太「缺乏條理」、太「不合乎邏輯」了。

這時候就輪到佛洛伊德上場了。**在我們眼中失序、古怪和無趣的事物裡，他幫助我們從中找到意義、挖掘趣味。**但是，佛洛伊德不是俯瞰世界、預見未知一切的神靈，也不是薩滿巫師，無法洞悉被我們視而不見的所有事物。他尊重我們的個人真理，並幫助我們建構它。

測驗

挑戰

在脫離原本語境的情況下，請聽聽以下六個詞彙（就像夢境的零碎片段，只剩下這些記號）：女人 – 沒了 – 男人 – 便 – 一無是處（woman – without – her – man – is – nothing）。這些詞彙組成了一句話，顯然是無可救藥的大男人主義：

「女人，沒了男人，便一無是處。」（Woman, without her man, is nothing.）

（註：在法文中，這道謎題並不成立 註1。在此提供翻譯：「女人，沒了丈夫，便一無是處。」（la femme, sans son mari, n’est rien.）。但你必須接受下面的英文挑戰。）

只要改變標點符號，這句話的意思就會徹底翻轉，或許這才是它原本的意思……。

註1

譯註：在法文中，沒辦法靠改變標點符號，就改變這句話的意思。

解答

「女人：沒了她，男人便一無是處。」（Woman : without her, man is nothing.）

這個謎題的美妙之處在於，英文的單詞毫無變化，只改了標點符號。然而，在法文的表達方式中，單詞本身被置換了：「女人：沒了她，男人便一無是處。」（la femme : sans elle, l’homme n’est rien.）這就是為什麼這個謎題只適用於英文。

我們也許可以得到兩種不同的結論：

結論一，一目瞭然：這兩個句子的含義正好相反。

結論二，較不明顯：這兩句沒有哪一句比較有道理，端視語境才能評斷。

在這種情況下，佛洛伊德挺身而出，把他找出來龍去脈的方法提供給我們。畢竟毫無章法地尋找脈絡而驟下判斷，就像瞎子摸象一樣危險。

INTRODUCTION 導論

佛洛伊德方法學的奧祕

翻轉一切的佛洛伊德

「精力充沛的成功人士，是把欲望中的狂想付諸實踐的人。註1」

——佛洛伊德

註1

佛洛伊德，《精神分析的五門課》（*Cinq leçons sur la psychanalyse*），法國大學出版社（PUF），1910年。

佛洛伊德奉行的思維方式與我們背道而馳，他翻轉了一切。以下是其方法學的奧祕。

當我們從白晝望向黑夜時，佛洛伊德從黑夜回眺白晝。佛洛伊德把我們認為的邊緣事物置於中心，我們感覺無關緊要的小事，他聚精會神地看待；我們覺得次要的事物，他覺得是主要的。

兩千年以來，哲學史擱置在一旁的種種——童年、瘋狂、無意識（l'inconscient），都被佛洛伊德當作研究的對象。

從柏拉圖至康德和黑格爾，思想史即是理性的歷史，採取的觀點是必須超脫感性，待解決的問題總是要將感官、情緒所產生的煩惱，從念頭裡一掃而空。

然而，佛洛伊德扭轉了問題的癥結點。他從童年來理解成人，從精神官能症來理解正常心智，從無意識、口誤和失敗，來理解我

們的目的和動機。

佛洛伊德把自己比擬為哥白尼，也就是那位膽敢提出日心說假設的波蘭天文學家，當時的人以為太陽位於宇宙邊緣，哥白尼卻提出太陽其實位於宇宙中心的想法。對佛洛伊德來說，這個對照讓他可以為自己的龐大野心和自視甚高背書。但是，更重要的是，它包含了真實的成分。因為，我們和佛洛伊德一同進入另一個境界，重新衡量事物的優先順序。我們認為微不足道的事物，像是夢境、口誤，在佛洛伊德的系統裡被放在中心位置。**夢境不再只是瘋狂或是無意義的囈語，而是必須破解的謎題；**病人講述他夜晚遺留的夢境片段，是值得一聽的。更進一步地說，我們的失態、口誤、憤怒，只不過是一道湧現來自無意識的能量的縫隙。哥白尼向我們解釋，地球人不在宇宙的中心，而是在宇宙外圍。**佛洛伊德向我們說明，**

理性不在中心，而在邊緣！

位於中心、構成我們選擇的起點，是無意識的欲望。

「欲望是人類的本質。註2」

——史賓諾沙

我們相信自己是基於理性才做出生活的選擇，其實是順從了被自己忽略的衝動本質。

註2

這句話以17世紀阿姆斯特丹的拉丁文來表達，會更加優美：「*Cupiditas, absolute considerata, est ipsa hominis essentia*」，史賓諾沙（Spinoza），《倫理學》第61章「惡魔」，頁437。

日心說已經過時了。
你們對自我中心主義（egocentrism）有什麼看法？
-SAM-

佛洛伊德錯綜複雜的一生（一八五六～一九三九）

西格蒙德．佛洛伊德（Sigmund Freud）出身於一個人口繁多、父母多次重婚的猶太家庭，居住在反猶太氣氛濃厚的中歐，是家中的長子。

他的父親雅各（Jacob）正值第三段婚姻。雅各十七歲時與莎莉（Sally）結婚，育有兩個孩子。二十年後，雅各三十七歲時，莎莉去世了，他隔年與麗貝卡（Rebecca）再婚，卻馬上因為她無法生育而拋棄了她。雅各跟十九歲的阿瑪莉亞（Amalia）結婚時，已屆不惑之年，而且當了祖父。阿瑪莉亞生了十個孩子，西格蒙德是當中最年長的。

一八五七年，在美國爆發第一次世界經濟危機期間，雅各這位從事羊毛批發買賣的大家長破產了。在反猶太主義和經濟低迷同時夾擊之下，雅各全家搬到了維也納（該市的猶太區）。身為長子、那時還是嬰兒的西格蒙德茁壯長大，是個表現優異的學生。父母因為疼愛他，給他獨立的房間，其他家人則擠進了小公寓的另外兩個房間。

西格蒙德在十六歲通過高中畢業會考，當時他能夠翻譯古希臘戲劇家索福克里斯（Sophocle）的作品。在服兵役的期間，他還翻譯了英國自由經濟學家和女權主義者約翰・史都華・彌爾（John Stuart Mill）整套的著作。二十四歲時，西格蒙德成為醫學博士，隔年遇見瑪莎・伯奈斯（Martha Bernays），在祕密訂婚沒多久後便與她結婚。他在維也納醫院工作，並在不同的實驗室持續研究。

才華洋溢的他，希望獲得名氣後能選擇自己的研究領域——從鑽研鰻魚的性行為開始著手，但生物學研究並沒有為他敞開大門。

二十九歲時，他獲得在國外旅居六個月的獎學金：「我將前往巴黎，成為一名偉大的學者，頂著巨大無比的光環回到維也納，我們會很快步入禮堂，我將治癒所有無法根治的神經疾病患者，妳會為我保重身體，我會不斷地親吻妳，一直到妳變得堅強、快樂和幸福。」（西格蒙德給瑪莎的信，一八八五年六月二十日，C.一六六）。

即便是佛洛伊德，要把夢想轉化成現實，也非一步登天。終於，在三十五歲之際，他找到了自己的路。他從當時的假設——我們呼吸、消化時無意識的肌肉運動——來推論，更進一步對神經細胞的無意識活動產生興趣。完成了精神分析理論後，他終於可以與科學史上最偉大的兩位革命者相比擬：哥白尼把地球放回它的（渺小）位置——銀河系的外圍；達爾文，把人類放回動物歷史上的

（卑微）地位。嗯，沒錯，佛洛伊德把意識重新歸類在人類行為中無關緊要的一環。

他對性的關注，以及堅持將兒童的性心理發展（不是出於本能，而是出於衝動）看成人類性發展的關鍵初始階段，讓他在對於現代個體的理解上，發揮了關鍵的影響力。

孩童時期的佛洛伊德，在反猶太主義的壓迫下不得不舉家遷移。一九三八年，八十二歲的他，又因為納粹主義被迫與家人離開維也納，前往倫敦（五年後，他的四個姐妹中有三個死於毒氣室，一個喪生於集中營）。

CHAPITRE

1

佛洛伊德教我們，仔細聆聽夢境

夢境的真實性是主觀的，一場夢的意義，
只存在於我們賦予的詮釋之中。

「我們都是編織夢的織品。註1」

——莎士比亞

夢是通往無意識的康莊大道。而無意識是熾熱、活躍、充滿能量的工廠，我們的欲望在這裡被鍛造出來。

然而，前往無意識工廠的大道並非筆直、暢通無阻的。這條「康莊大道」九彎十八拐，你必須採取一些預防措施，千萬不要走得太快。

這些未經鑄造、呈現在我們眼前的夢境，通常在早晨是一片混沌。它們可不比德爾菲神廟的皮媞亞註2所宣告的奇怪、模棱兩可的神諭更好懂——她已經把不止一個人送到錯誤的道路，首先是伊底帕斯（Œdipe），一個匆匆忙忙、一點也不理解她指引的年輕人。

註1

威廉・莎士比亞，《暴風雨》（第4幕，場景1）。完整的英文句子是："We are such stuff, as dream is made on, and our little life is rounded with a sleep."（「我們都是編織夢的織品，我們的渺小生命都在酣夢中作結。」法文由弗朗索瓦－維克多・雨果〔François-Victor Hugo〕翻譯）。

註2

譯註：古希臘的阿波羅神女祭司，服務於帕納塞斯山（Mont Parnasse）上的德爾菲神廟（Delphes）。

-SAM-

清醒時的行動

醒來後請寫下你的夢境。一開始進展不太順利，是很正常的。但是，只要持續一點一滴、日復一日地練習，等到清醒後，你就能記住剛剛做的最後一場夢。所以把它寫下來吧！無論你覺得多奇怪，確實地把它記下來，用鉛筆和紙，或者語音輸入智慧型手機（任何方式都很好）。隨著早晨逝去，它會更頻繁地浮現在記憶中。你必須像運動員一樣，維持訓練的紀律，並強迫自己記錄。因為夢境會在你清醒時消失在記憶的角落裡，如果在你甦醒之際、印象還很牢靠和鮮明時，任由它飄散在空中，之後就不可能回想起來了。

但是，讓我們實際一點：剛從油井中挖掘的原油和從煉油廠出廠的石油，可謂天差地別。正是加工使原油為文明所用（法文

pétrole的拉丁語詞源，意思是岩石之油）。夢境也是如此：你在夜裡所想像的產物，其原始的萃取物與美麗、連貫的夢全然不同；在大多數情況下，你成功記錄下來的那些夢，都是四不像。

你能掌握的只是夢的原始素材，而不是夢境本身，你得將它「提煉」出來，以便找到值得付出一切代價的欲望的芳香。

目標：揭開欲望的面紗

仔細聆聽夢境之後，便能揭開欲望的面紗。

我談論的不是你的需求（例如：換掉門口壞掉的燈泡），也不是稍微用一點推理便能解決的那些事（例如：如何告訴銀行員，你在未來幾個月內都無法償還貸款？）。

渴望「吃巧克力」跟渴望某個人，完全是兩回事。「欲望」這個詞在這個章節中會變得更加明確。我會和你談談欲望，關於這個強加在你身上，無法被原諒、解釋和辯解的東西；欲望需要膽量來做出選擇，並且承擔風險。簡而言之，欲望要求你為自己的人生做主。

事實上，欲望是人類特有的東西，因為不論野獸或是眾神都沒有欲望。動物具有本能，使牠們靠著微乎其微的變化，複製跟祖輩如出一轍的生活。但人類的欲望與動物的本能不同，是無窮無盡的。這是獸性的部分。

至於神呢？人的欲望無限，但手段卻是有限的，而眾神不知道欲望與滿足之間的差距：他們隨心所欲地翱翔天際、呼風喚雨，如果宙斯想化身天鵝勾引一位女士，就可以花一個下午這樣做。

「欲望是牢不可破的，且無法被撲滅。註3」

——拉岡

註3

雅克·拉岡（Jacques Lacan），〈關於「失竊的信」的研討班〉（Séminaire sur La Lettre volée），《著作集》（*Écrits*），巴黎，門檻（Seuil）出版社，1966年，第52頁。

測驗

問題

翻閱解夢辭典，可以幫助我們解釋夜間的狂想。以出現帽子的夢為例，在下面三種解釋中，請你猜猜看：法國的解夢網站interpretation-reve.fr採用了哪一種說法？

a.「嶄新閃亮的帽子：成功的預兆。破舊不堪的帽子：你嘗試掩蓋道德上的污點。帽子又髒又破：你試圖隱藏一個有損名譽或令人煩心的家庭祕密。」

b.「軍帽：事業成功。草帽：人們在暗地取笑你。宗教帽：你的想法太死板了。高帽：你的傲慢無禮令人不悅。」

c.「脫掉自己的帽子：樂觀、開朗。看到了多頂帽子：代表你善於交際。女人夢見戴男人的帽子：很快掉入愛河。漂浮在水面上的帽子：預示親朋好友的去世。帽子握在手裡：代表幸運和成功。」

天啊，但這頂帽子看起來何其無辜！
您允許我寫筆記嗎？
-SAM-

解答

三種都是！

這樣解釋真的恰當嗎？的確值得懷疑。其實，只要舉一個反例就夠了，以下是佛洛伊德一位病人敘述的夢見帽子的片段：

「夏天，我到街上散步，戴著一頂形狀特殊的草帽，草帽中間向上捲起，兩邊垂落，一邊垂得比另一邊更低。我很愉快，並感到安心。當我經過一群年輕軍官時，我心想：你們不能對我怎麼樣。」

佛洛伊德：「這頂中間捲起、兩邊下垂的帽子，指的應該是男人的性器官。」病人抗議，認為自己沒有講過兩邊下垂的話，隨即靜默下來，然後鼓起勇氣問道，為什麼她丈夫的睪丸會一高一低，是不是所有男人都是如此？

這個例子，跟前文提到的解夢辭典中的那頂草帽，差了十萬八千里！

挑戰：解析你的夢境

現在是早晨，我們正在把或多或少記得的夢境碎片或磚瓦聚集在一起。但是，當我們試圖將它們排成一列，以便組成一段故事時，情節的發展往往顯得難以理解：劇情似乎不連貫，難以置信，而且常常是不完整的；漏洞百出、場景的跳躍毫無邏輯，如同看了一部沒上字幕、原音播出的影集，我們漏掉了不少內容（除非你精通兩種語言，但沒有人能通曉夢境層面的語言）。

「夢境的語言是古怪的，甚至是一門外語。」

這裡的難題是：想了解夢境的語言，並沒有和中文（或是英文、法文）相對應的雙語詞典可參考。你可以省去心力去最喜歡的書商那裡訂購解夢辭典和符號字典，因為同一個符號在不同的夢境、不同情況下都會改變意義。那麼，我們該怎麼辨呢？

實用的解決方法：跟自己對話！

就像解開纏繞的毛線球一樣，先從你覺得抓得住的尾端下手。來吧，輕柔地拉一下：每一小截毛線本身，都是組成整體的一部分，它或許很快就展現出「沒頭沒尾一小截」之外更有價值的一面。一旦拆解完毛線球，就可以重拾每一個獨立的元素，然後在不受審查的情況下問自己，這團毛球的第一段讓你想到了什麼，它創造出什麼意象？接著是第二部分，以此類推。

你夢境的每個組成都是以一門外語來表達，唯有你能解譯，並賦予它在夢中正確的含義。假設你自問，出現在你某個夢裡的英文單字「blues」是什麼意思，它可能是具有音樂意義的「藍調」、一件「藍色外袍」（blouse，醫院、精神病院、療養院等醫護人員的工作服），甚至是某人在拐騙（法文blouser的意思）另一個人。根據此時此刻它為你喚起的意義，你可以繼續審視毛線球的線索，並進一步詮釋你夢境中的意象。

佛洛伊德指出困難，以及克服的方法

首要的困難

夢境如一道謎題般現身，抗拒我們的調查。

在夢中就猶如在謎團之中，我們面臨有點奇怪的「顯性內容」（contenu manifeste），它埋藏了毫無異樣、有待挖掘的「潛在內容」（contenu latent）。

「夢的混亂和不可理解的本質，和一個人在探究其中的潛在意涵所遇到的阻礙之間，存在一種既隱密又必要的關係。註4」

——佛洛伊德

謎題和夢境的區別何在？謎題可以由任何人破解，夢境卻只能由作夢的人適切地解譯，當然，向我們信任的人或精神分析師描述夢境來獲得幫助，也是可以的。

克服困難

夢境和謎題的第二個差別是，性頻繁地在我們的夢中出現。佛洛伊德區分了三種類型的夢境。最容易解釋的夢境，是那些無拘無束表現出一種不受壓抑、但在日常生活中仍然難以滿足的欲望。那

註4

佛洛伊德，《夢的解析》（*L'Interprétation du rêve*），1900年。

些稍微難以解讀的夢境，則表現出一種被壓抑、但沒有被顯性內容掩蓋的欲望。最難解讀的是那些呈現出壓抑和未滿足欲望的夢境，顯性內容和潛在內容往往牛頭不對馬嘴。這就是我們必須面對高速急轉彎的地方：藉由聯想（association d'idée），轉個彎來解讀。而我們的大腦則一點一滴地讓隱藏在表象之下的意義顯現。

「把夢境分成幾個元素，找出與每個元素對應的想法，是非常有幫助的。註5」

——佛洛伊德

註5

佛洛伊德，《夢的解析》，1900年。

案例：佛洛伊德分析他的夢境

佛洛伊德提供一種有效的技巧，來分析我們注意到的夢境片段：他分析的不是夢境內容，而是他對這些雜亂無章片段的反應。

讓我們首先著眼於佛洛伊德如何具體分析他的一個夢——他發現他把自己當成大力士海克力士註6。最重要的是，我們會發現，夢境的真實性是主觀，而非客觀的，因為一場夢的意義，只存在於我們賦予的詮釋之中。

我們對於夢的解析，無論是猶豫和發現，都有助於夢境意義的產生。

從顯性內容開始解析

「在一座山丘上，有個像露天廁所的東西，一條很長的板凳，

註6

譯註：Hercules，希臘神話中的半神英雄，驍勇善戰，力大無窮。

板凳末端有個大洞。這個洞的邊緣被一些大小不一、或濕或乾的穢物完全覆蓋住。長凳後方是灌木叢。我對著長凳小便；一道細長的尿流沖刷了一切，穢物輕易地脫落並掉入洞裡。到最後，上面似乎還殘留了某些東西。註7」

潛在內容（佛洛伊德的解析）

為了進行分析，佛洛伊德檢視的並不是他的夢，而是他對這些意象的反應。他想知道為什麼在這場夢裡，他完全不感到厭惡。他的回答是：「正如分析所顯現的一樣，夢境連結了最愉快的想法，有助於願望的實現。」因為，在他的第一個聯想中，佛洛伊德想到了海克力士所清理的奧吉亞斯的牛棚；而海克力士，就是他本人。

這座山靠近奧地利阿爾卑斯山的一個村莊，佛洛伊德的孩子們

註7

佛洛伊德，《夢的解析》，1900年。

註8

譯註：les écuries d'Augias，厄利斯國王奧吉亞斯的牛棚有數百頭牛，數十年來未曾打掃，糞穢堆積如山。海克力士將河流改道，在一天之內將牛棚沖洗乾淨。

曾在那裡度假。再繼續聯想，正如海克力士清除污穢和細菌一樣，佛洛伊德也（藉由發現精神官能症的病因）推翻了神經病學領域，並保護自己的孩子免受疾病之苦。

長凳是一位心存感激的病人送給他的一件家具的再現，讓他想起了他受到病人的推崇。

那堆穢物讓他想起了義大利，小鎮裡的廁所，跟夢裡的露天廁所如出一轍。

至於沖掃一切的尿流，「毫無疑問的是狂妄自大」。佛洛伊德想起格列佛[註9]就是以相同手法撲滅了一場大火；而站在巴黎聖母院塔頂、向巴黎人復仇的卡岡都亞[註10]也是如此。

佛洛伊德確實在睡前翻閱了拉伯雷（Rabelais）的小說，讓他想起巴黎聖母院塔頂，那是他最喜歡的巴黎景點。在旅居巴黎的期

註9

譯註：Gulliver，英國作家強納森．史威特（Jonathan Swift）小說《格列佛遊記》（*Gulliver's Travels*）的主角。

註10

譯註：Gargantua，法國文藝復興作家弗朗索瓦．拉伯雷（François Rabelais）作品《巨人傳》的主角之一。在書中，他爬到聖母院的鐘樓，對著巴黎人灑尿。

間，他總是攀爬到塔頂，在那裡度過空閒的下午。

所有穢物很快地消失這個事實，暗示的是一句拉丁文題詞「*Afflavit et dissipati sunt*註11」（風把他們吹得潰不成軍），佛洛伊德當時正在書寫有關歇斯底里症的章節，並希望把這句話作為標題。而佛洛伊德這才想起了引發這場夢境的近期事件：他前陣子上了一堂有關歇斯底里症和性變態（perversion）之間關聯的課程，令他很不滿意。他不喜歡把時間花在令人厭惡的人類行為上，而不是奉獻給他的孩子，或者去旅行，欣賞義大利的美景。課程結束後，佛洛伊德在一家咖啡館的戶外座位吃了一個三明治。有一個學生請求他的允許，希望能坐在他旁邊，並開始讚揚他的講課。佛洛伊德幾乎沒興致表達感謝，反倒想把他趕走，就像拉丁文銘言中，吹散西班牙海軍的那陣風一樣。

註11

這句話被銘刻在紀念英格蘭艦隊戰勝西班牙無敵艦隊的勳章上，後者在戰爭中被徹底擊潰。

「人類是從夢境進化而來的。註12」
——達爾文（取自達米安・奧珀蒂和讓－雅克・里茲的搞笑翻譯版本）

結語

現在，換你勇敢踏出第一步了。這個練習不需要任何天賦，而且比成功挑戰跑完一趟馬拉松容易得多，即使兩者有不少相似之處，都必須給自己一點時間才能到達終點：一籌莫展的時候，不要氣餒；規律的練習是實現目標的唯一途徑；當我們達成目標的時候，那種喜悅是貨真價實的。

註12

故意歪解「人類是由猿猴進化而來的。」（L'homme descend du singe）這句名言，其實達爾文從未講過這句話（對他而言，人類是一隻猴子……進化過的）。請參閱達米安・奧珀蒂（Damien Aupetit）和讓－雅克・里茲（Jean-Jacques Ritz）兩位幽默的精神分析學家的小書《趣讀佛洛伊德》（*Freud en s'amusant*），巴黎，l'Opportun出版社，2020年。

CHAPITRE

2

佛洛伊德教我們，不要在柔情與性欲之間二選一

「是先有性欲才動了柔情蜜意，
還是柔情點燃了愛的火花？」
如果你覺得這個問題無法解決，請先跳過。

在愛情的氣象裡，天氣預報有著強烈的反差，這一頭是欲望的熱帶颶風，另一頭則是溫帶季風，有洋溢著柔情的和煦微風。從空中俯瞰，每對伴侶宛如印度洋上的群島，擁有自己的微氣候。按照情人群島的緯度來看，主導該地區的會是暴風雨或和煦微風。

長久以來，欲望和溫柔之間一直有著無法調和的緊張關係。

對佛洛伊德來說，這種二選一的選項是一道陷阱題。就像是甜與鹹，長久以來都是兩種對立的口味，各有各的獨特風味，若少了其中一種，煮出來的料理就會變得非常乏味。

-SAM-

清醒時要採取的行動

沒有任何人或任何一本書可以教導我們如何生活，因為生活是無法學習的，生活不是一門課。

人生要勇於嘗試註1，就像一次特別的火車旅行，在火車行進的同時，一邊鋪上鐵軌。這條鐵軌靈活度很高，足以容許急轉彎，但這趟旅行無法逆向行駛，每個事件都只能經歷一次，就算我們覺得周而復始，甚至覺得停滯不前，仍然走在跟之前截然不同的道路。

無論如何，我們能夠在旅程中學到一些關於人生的運作機制；在每個人盡其所能建構的這個複雜整體裡，能稍微領略其中的零星片段。

以下的測試，揭示了在生活中隨時都會遇到的某個謎題的冰山一角。

註1

朱利安（François Jullien），《論真實生活》（*De la vraie vie*），巴黎，l'Observatoire出版社，2020年。

測驗

問題

你是一個男孩，某天早上，你半夢半醒地躺在伴侶身邊，你發現自己不由自主、確確實實地勃起了。

你推斷：

a. 深夜的夢境是一種絕對炙熱的情欲妄想（佛洛伊德說，夢是一種短暫的精神病症）。

b. 你對伴侶的愛轉換成一股肉欲，只想立刻翻雲覆雨（考克多註2 說：世上沒有愛，只有「愛的證明」）。

c. 你的內心不理解身體運作的原因。雖然在壁爐裡無火不生煙，但在床上勃起，不一定是性欲導致的結果。

解答

請仔細閱讀以下內文段落！

註2

譯註：尚．考克多（Jean Cocteau）：全方位的法國藝術家，是詩人、小說家、劇作家和導演。編註：此處可能是作者誤植，這句話應該是出自20世紀法國著名詩人皮耶．雷維第（Pierre Reverdy），不是尚．考克多。

請不要把欲望和欲望的徵兆混為一談。維克多．雨果（Victor Hugo）將男性的晨間勃起描述為每個人都能一目瞭然的「勝利早晨」（matins triomphants），這就是頭號的陷阱，是一種迷思。事實上，勃起與性欲毫無關聯，只是確保陰莖組織定期充氧的發條機制。身體的肌肉透過血液循環恆久地獲得氧氣；但陰莖的肌肉運作跟一般肌肉不一樣，大多數的男人都誤解了這件事。事實上，如果要勃起，阻塞血液流動的肌肉必須放鬆；相反地，當根部的肌肉緊張時，陰莖則會軟趴趴的！

親愛的讀者，你當然可以把這種晨間勃起當作一種象徵，象徵你對伴侶的渴望，這是一種選擇。但這不像颶風一樣無法遏止，你也可以決定起床，為你倆煮杯咖啡，你的勃起就會馬上消風。你的溫柔體貼會得到感謝，且可以轉化成欲望，如果默契相通的話，還可以昇華為激情——我在這裡不把其他因素（週間的工作、孩子的早餐等）考慮在內。

PS：親愛的讀者，你也可以把這種晨間勃起當成伴侶對你的渴望，這是另外一種選擇……。

目標：避免掉入欲望的陷阱

「女人渴望她所愛的男人，而男人愛他所渴望的女人。」或是「男人最終會愛上與他（甜蜜或激烈地）做愛的女人，而女人最終會與她（柔情）愛戀的男人做愛。」

這些陳腔濫調來自上千年的傳統，把女性困在純潔天真的角色中，只甘於自己與生俱來的貞潔（在這方面，聖母瑪利亞勇奪冠軍寶座，畢竟她在保有童貞的同時，還成了聖母）。希臘、基督教等諸多傳統，對女性的欲望視若無睹，以及部分忽視了男性的柔情：希臘人將妻子關在女性專屬的廳房之中，基督徒提升禁欲的重要性，遊唱詩人歌詠毫無性欲的女性等等。

我們的當代社會呈現兩極化的差異，顯示了在面對這種精神閹割時，女性欲望的真實解放。通常讓女人產生或是希望產生性吸引力的對象，是最終成為她孩子父親的男人。對雙方來說，發生「一夜情」（例如Tinder）或是實現幻想（例如那些出軌用的交友軟體）的關係時，每個人都得知道這只是玩玩而已。

挑戰：標出欲望和柔情的分界

印度洋上的群島無法漂移，但人類可以移動。跟其他章節一樣，這一章不會傳遞普世的真理。**佛洛伊德告訴我們的唯一真理**

是：真理是被建構、尋找、面對且不斷重建的，而最關鍵的是，試著知道我們處在人生道路上的何方。至於欲望和柔情之間的疆界，一旦我們擺脫錯誤的路標時（勃起＝欲望，參見上文），我們直覺的導航系統就能標示出這些相異的路徑。

甚至你也可以認為「男人來自火星，女人來自金星[註3]」。但無論是以火星或金星作為起點，都無法決定你的終點。你可以隨意在地圖上移動，甚至顛倒男女角色的位置。伴侶關係的樂趣源於我們所承擔的風險，要向前邁進並發現新的樂趣，必須先接受自己走得顛顛簸簸（要開始學步的話，要先往前傾斜，你懂的），欲望和柔情並不是對立的。

欲望和柔情也不能像流通的貨幣一樣兌換。事實上，一旦我們跳脫勞動的世界，就會發現兩個人的情感關係並不符合經濟效益。

註3

約翰・格雷（John Gray），《男人來自火星，女人來自金星》（*Men Are from Mars, Women Are from Venus*），1992年於美國出版，隨後翻譯成各國語言，迅速席捲地球。

我們付出得越多，越富有。但必須意識到附加的一個細微差異：付出是施惠給他人，在某個程度上，這是掌握主導權，或想在關係裡占上風，有時甚至是勒索敲詐。那麼，要如何跳脫這個陷阱？答案是：不要過猶不及。付出沒有錯，但要合理，也就是別到了犧牲奉獻的程度，那是父母在孩子鑄下大錯時給予的愛。反之亦然，你可以索取，但要合理，也就是不到洗劫一空的程度，那是黑手黨的索愛方式。

實用的解決方法：跟自己對話（再強調一次）！

「是先有性欲才動了柔情蜜意，還是柔情點燃了愛的火花？」

如果你覺得這個問題無法解決，請先跳過，遠離大原則的範疇，投入具體的問題之中。

啃完的蘋果現出原形

要找到具體的問題很容易，它們總以「我該如何……？」作為開頭。

最具體和最精準的問題幫助我們突破看似無解的僵局。要為束手無策的問題找出答案，請改變問題（事實上，是改變提問的方式）！在你與伴侶的關係中，顯然存在著複雜、晦暗不明、懸而未決的問題。由於解決方法不在大原則的範圍裡，而存在具體的行為之中，所以請你展現溫柔體貼的舉止，特別是那些你不習慣的；或者，相反地，開始表達你的願望，特別是你不習慣的。你會發覺對方善意地迎接你邁出第一步。你也會發覺，就像玩樂透一樣，「百分之百的中獎者都試過手氣」；但它比樂透容易得多，因為即便把這個公式顛倒過來，也一樣成立：百分之百的玩家都能中獎。

佛洛伊德指出困難，以及克服的方法

首要的困難

「正常的性生活是由兩種流動的情感——柔情及欲望——的交融所構成，讓你確定了性伴侶及目的。註4」

——佛洛伊德

在這句話中，最複雜的詞彙並非我們想的那一個，而是「正常」這個詞。佛洛伊德把時間花在分析「不正常」的行為（有時候讓他感到有壓力）。

為了避免把一切混為一談，佛洛伊德出版了一些書，主要目的是釐清異常行為的不同類別。一方面，他努力淡化看似「異常」

註4

佛洛伊德，《性學三論》（*Trois essais sur la théorie sexuelle*），巴黎，加利瑪出版社（Éditions Gallimard），1987年。

（尤其在那些受到傳統局限的人眼中），實則完全正常的事物；另一方面，他努力展現精神分析如何有助於解決造成痛苦的原因註5。

對佛洛伊德來說，如果這種欲望和柔情之間的鴻溝經常導致家庭關係緊張，你就必須處理這個問題；否則的話，本章不適用於你，無論你的情人群島座落在哪個地理位置。如果欲望的風暴受到熱烈歡迎，或者反過來，如果和煦的氣候適合雙方，甚至你倆在劇烈反差的氣象交替中享受到歡愉的話，就不用嘗試弄懂你們伴侶的互動關係是否異常。遭受痛苦才是不正常的關係；其餘的部分，就由你自己決定。

註5

佛洛伊德不是馬克思（Marx）：他思考的是有益於個人的解決方案，而馬克思主義關注的焦點是集體的。但這兩位思想家並不衝突，雖然截至為止，那些試圖分析佛洛伊德－馬克思主義的論述幾乎都沒有說服力。

克服困難

「精神分析師的任務是與魔鬼搏鬥。註6」

——佛洛伊德

但是，誰是魔鬼？魔鬼又在何方？

對佛洛伊德而言，我們每個人都是魔鬼，排第一的就是他自己。「最讓我擔憂的病人，就是我自己。註7」所以，別擔心，我們同病相憐。我們「只需要」不帶偽裝地審視自己，並努力找出讓自身痛苦的原因。如果你和伴侶之間的關係沒有增添你的煩惱，就不需要試圖讓自己「合乎正常」；否則的話，如果問題來自欲望和情感之間的僵持，就正視它。你要對自己寬容一點。拉岡提醒我們，

註6

〈致史蒂芬・褚威格的信〉（Lettre de Freud à Stefan Zweig），1934年。

註7

〈致威廉・弗利斯的信〉（Lettre de Freud à Wilhelm Fliess），1897年。

愛是「把你匱乏的東西給予無此需求的人」。他補充道，「性欲並不存在」。這些論述聽起來可能很奇怪，事實上，它們說明了我們總是跟旁人有認知落差，即使是在身體關係親密的情況下，差距仍舊存在，甚至會產生誤解。

拉岡也許會贊同皮耶．巴亞德（Pierre Bayard），他在分析莎士比亞戲劇《哈姆雷特》這部世上被評論得最多的文學作品時，為「聾子間的對話」（Dialogue de sourds）提出辯解：必須有兩個聾人才能開啟對話，否則交流會馬上終結。充耳未聞的意思，就是在以為自己跟對方觀點一致的情況下，自顧自地說話註8。

註8

皮耶．巴亞德，《探究哈姆雷特》（*Enquête sur Hamlet*），午夜出版社（*Editions de Minuit*），2002年。

結語

這種眾生之間無法縮小的鴻溝，不該阻擋你在這段關係中體會快樂。我們可以（或是應該）甚至為這種分歧感到高興。能量，例如來自水壩的電能，是藉由瀑布的高度所產生的，即水壩頂部水位及底部水位間的高度差，水力驅動產生的能量能夠發動渦輪機。

沒有差異，就激不起漣漪；沒有差異，就缺乏活力。如果最終兩個人能躺在一起依偎，達不成共識又何妨！要避免盤旋在你們伴侶群島上空的暴風雨，最好的方法是，意識到你們兩人都在主導氣象預報，並且是你一言、我一語，再加上比手畫腳地，與對方談論天氣。

CHAPITRE

3

佛洛伊德教我們，原諒那些傷人的話語，你的敵人不知道自己的內心受傷了

無論面對哪一種攻擊，
唯一不敗的解方就是後退一步。
攻擊本身，是一種中性、被動的化學試劑，
會成為毒藥或是解藥，
全憑我們放了什麼樣的添加物。

在某種程度上，我們或多或少都是「過分敏感」、「纖細易感」的人，為什麼呢？

因為我們的內心存在某樣東西，優先於對自由、對平等的渴望，那就是「尊嚴」。在法國或其他地方，沒有人可以冒犯他人而不道歉，即使是無意的。像《歐盟基本權利憲章》（*Charte des droits fondamentaux de l'Union européenne*）這樣沈甸甸的文本，最首要的即是「尊嚴」一詞，然後才是「尊重他人」。這種對於尊嚴的要求，甚至在全世界都觀察得到。國際研究人員針對各國所做的價值觀排序調查，證實了這一點，這適用於所有民族[註1]。

然而，我們經常遭受冒犯並且過度反應。到底要如何避免這樣的事情一再重演？可能的解決之道是什麼？佛洛伊德是不是能夠分享一些心得，幫助我們找到解方？

註1

參見羅納德・英格爾哈特（Ronald Inglehart）成立的「世界價值觀調查」（World Values Survey）網站：www.worldvaluessurvey.org/wvs.jsp。

要採取的行動：預期攻擊的兩種面向

問題不在於我們遭受侵犯，而在於我們如何應對。

如果有解方的話，它存在於我們自身，不在其他地方。

「記住，侮辱你的不是對你惡言相向、也不是打擊你的人；是你對他們的看法，讓你認為自己受到了侮辱。註2」

——愛比克泰德

註2

愛比克泰德（Épictète），《沈思錄》（*Pensées*）。編註：此處可能是作者誤植，《沈思錄》的作者是羅馬皇帝馬可斯・奧理略・安東尼努斯，不是愛比克泰德。愛比克泰德著有：《手冊》（*Manuel*）和《語錄》（*Entretiens*）。

測驗

問題

以下的情況可以當作「假說實驗」，就像伽利略提出自由落體的假說一樣，但他實際上並未在比薩斜塔的頂端扔下鉛球和紙張，來比較兩者掉落的速度。

如果你遇到以下兩種言語攻擊：

情境一： 你是男孩，被說成娘娘腔、同志或小菊花，或其他令你震驚的事物。

情境二： 妳是女孩，被說成婊子、蕩婦、欲求不滿或其他令妳震驚的事物。

你會有什麼反應？

解答

如果你成功以訕笑把對手打發回他空洞的玩笑裡，就可以跳過這一章。

如果你的回答類似「你給我滾，白癡！」請趕緊閱讀下文。

要不要失控，是個好問題

「你給我滾，白癡！」說這句話的人，或者更確切地說，大喊這句話的人，是法國前總統尼古拉·薩科吉。他在二〇〇八年二月至三月間的巴黎國際農業博覽會上，忍不住粗暴地回應一位拒絕與他握手的參觀者。然而，即使薩科吉的失言被媒體大肆報導了一輪，但他並非唯一這樣做的人。令人遺憾的是，我們很容易發現諸多失言語錄，像是法蘭索瓦·歐蘭德（François Hollande，愛說低級笑話）、艾曼紐·馬克宏（Emmanuel Macron，經常像個上司訓示下屬）或唐納·川普（Donald Trump，愛說些大男人主義—民粹主義領導者的言論）。

假如面對冒犯，你難以保持淡定，那麼本章很適合你閱讀。否則的話，可以跳過本章。

喝！
你給我下來！
白癡！
魯蛇！
假新聞！
你被開除了！
-SAN-

每當我們對侵略行為（無論是言語還是行動）反應過度時，都會發現自己有充分的理由這樣做，這可以解釋成「讓花瓶溢出的一滴水[註3]」。在這個「讓花瓶溢出的一滴水」的故事中，佛洛伊德敦促我們不僅要檢查最後的一滴水，還要看看花瓶裡面裝了什麼，以及需要倒得多滿，水位才夠高，也就是剛好在失控的臨界點。若我們想有效地面對攻擊，最好留意這兩個層面。

為什麼我們會失控？

以薩科吉而言，我們很容易猜想他的「最後的一滴水」。法國總統一直生活在壓力之下；當他來回奔走在農業博覽會的通道、被攝影機和麥克風追趕了數小時的時候，他承受著更為沈重的壓力。因為農商正是傳統上有利於右派政治選舉的票倉所在，這裡是攸關

註3
譯註：即「壓倒駱駝的最後一根稻草」。

贏得（或失去）成千上萬潛在選票的地方，而這成了致命的最後一擊。

對於薩科吉來說，原先裝在脹滿的花瓶裡的東西，指的是他的童年——他與哥哥紀堯姆（Guillaume）的惡劣關係。這是他在一本回溯生命年少時期的自白書中述及的過往註4，他的哥哥更聰明、更強壯，各方面都比他更優秀。然而，這位哥哥卻經常訓斥小尼古拉，對他不斷脫口而出「你給我滾，白癡！」年幼的小弟永遠處於劣勢，尤其是在學業上的成就。因此花瓶內側薄膜承受越來越多的壓力，且越發無法承受。最後，原本是作為緩衝壓力的柔軟隔膜，也因為一再地吸收壓力而變得過度緊繃。

對尼古拉和我們來說，為了避免突如其來的暴怒，唯一的解決方法是試著減少讓花瓶膨脹的壓力。如此一來，任何一滴水都不足

註4

尼古拉・薩科吉，《你知道這一切尚未終結》（*Tu sais, c'est pas fini*），巴黎，探戈（La Tango）出版社，2016年。

以滿到讓我們大發雷霆。接著我們會發現，留心最後一滴水的存在是值得的。

主要目標：減少一開始的壓力

一項長期抗戰

「生氣，如同拿著一塊熾熱的炭扔向某人，燙傷的人永遠是你自己。」

猜猜看，是誰說了這句話！

解答在頁面下方註5。

註5：

當然是佛陀！

讓我們先降低「花瓶裡的水位」，再來處理最後的一滴水。

這是一項長期抗戰：不會立即見效，但從長遠來看，這是最有成效的。這關乎降低我們內在的壓力程度。佛洛伊德向我們提供了實現這個目標的兩種方法。

第一種方法專門給正在受苦的人，是非常簡單的精神分析治療。**佛洛伊德在年輕的時候，已經留意到一件事實，那就是談論那些造成我們壓力的事物本身，就能減低壓力。**在奧地利的阿爾卑斯山健行的時候，他在山中小屋的桌子旁點了杯咖啡，休息了一陣子，為他服務的年輕女孩很悲傷，他聆聽了她的訴苦後，才啟程上路。兩天後返程時，他再次停留，看到年輕女孩神采飛揚，對他訴說煩惱後，竟然使她擺脫了憂愁。多虧了另一個朋友，佛洛伊德早已開始發現談話療法的好處，如今他在山中以非正規的方式體驗到了。他吸取了教訓，並很快將它應用到病人身上。

但是，如果你不會感到痛苦，就不需要精神分析治療。第二種方法適用於所有人。讓我們在自己身上嘗試這個著名的「談話治療」分析，不需要透過第三者。我們可以針對導致自身壓力膨脹的因素進行自我分析。請注意，說給別人聽或是自言自語，是不夠的。過去四年來，川普正是言論自由弊病最典型的例子，與網路論壇上的許多網友一樣，他在推特（Twitter）行使粗暴的言論自由，口無遮攔地表達自己。而佛洛伊德所描述的方法則稍微高明一點。

佛洛伊德的自我分析法

佛洛伊德的自我分析法包括四個階段，要分散在幾天內進行也沒問題。從記下你的夢境和口誤開始，然後按照字面上的意思分析

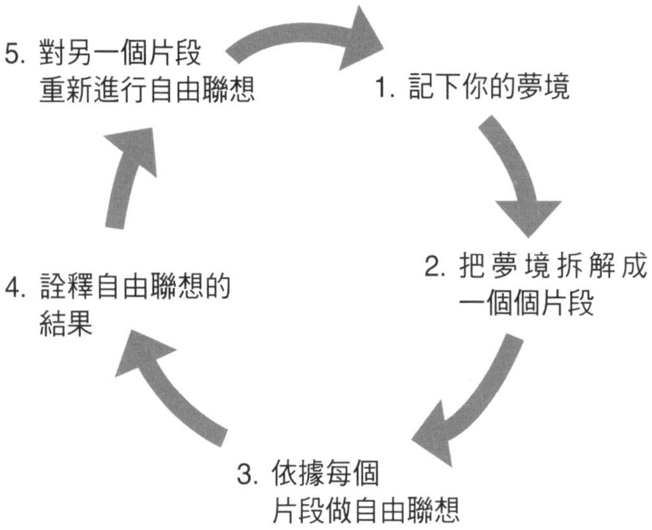
1. 記下你的夢境
2. 把夢境拆解成
一個個片段
3. 依據每個
片段做自由聯想
4. 詮釋自由聯想的
結果
5. 對另一個片段
重新進行自由聯想

它們（在古希臘文中，「分析」的意思是「分解」）；接著，將夢境和口誤分解為均等的片段，然後將這些片段作為練習自由聯想技巧的素材（換句話說，在你練習的當下，不要去限制每個片段暗示你的事）。最後，以這些自由聯想作為基礎，運用它們來嘗試解析，然後對另一個片段重新進行聯想。

無論什麼時候開始都不嫌晚。薩科吉在六十歲時寫了一本書，分析自己與哥哥的艱難關係，可能就是針對年少以來反覆出現的問題所進行的自我分析。如果他再次面對那個拒絕與他握手的人，他很可能不會再拋出「給我滾，白癡！」這句話，那就代表這個方法成功了！

第二個挑戰：減少最後一滴水的衝擊

「最危險的敵人，就是你自己。」

舉一個著名的例子，伊底帕斯對於皮媞亞宣告的事情反應非常激烈。

這個故事要從頭講起：伊底帕斯在襁褓時期被一位牧羊人收留，牧羊人發現他在底比斯（Thèbes）附近的森林裡奄奄一息，雙腳被綁起來，暴露在野獸的威脅之下，只因為他的父親得知一個預言，如果他有兒子，兒子會殺了他。伊底帕斯被牧羊人收留並帶回科林斯（Corinthe），讓膝下無子的科林斯國王收養。二十年後，成年的伊底帕斯聽到一個酒鬼大喊，說他不是科林斯國王的兒子。他質問養母，她拒絕回答他。

伊底帕斯去德爾菲神廟詢問皮媞亞，她總是直言不諱，因為她是阿波羅的代表，而阿波羅是宙斯安排的守護真理之神。她向伊底帕斯拋出一句深愛父母的兒子所聽到的最糟糕的話：他將成為最失敗的兒子，因為他會弒父娶母！

「聽完這些話，伊底帕斯頭暈目眩，覺得自己的心變得麻木，在發出一聲撕心裂肺的叫喊後，他衝出神殿，在神聖的道路上，穿過擁擠的朝聖人群，他們如影子一樣在他眼前散開。註6」

而他做了什麼事？為了避免殺死他當作父親的那個人，他往科林斯相反的方向奔去：他去了底比斯，他真正的生父住的地方。隨即發生了西方文明的第一起交通事故，或者更確切地說，是第一次

註6

E.F.伯克利（E.F. Buckley）著，由S.柯德（S.Godet）翻譯，《古希臘傳奇》（*Légendes de la Grèce antique*），帕約圖書出版社（Librairie Payot & Cie），1931年。

致命的爭執。伊底帕斯，這個匆忙的行人，（以棍棒不小心）殺死了在馬車上拒絕讓他先走的難搞傢伙；必須要說，是馬車的木輪先輾到了伊底帕斯長久以來疼痛的腳（受到野獸傷害而損傷的肌腱從未復原）。

然而，如果我們回到故事的主線，該承擔這場災難責任的，是伊底帕斯。皮媞亞並未告知他，誰是他的父親，只說他會殺掉父親……，結果他立刻做出反應，就這樣成為自己的敵人。希臘人很清楚皮媞亞具有的「鏡像功能」：每個人從神諭中聽取想聽的話。「認識你自己」，這可不是刻在皮媞亞神廟三角楣上的一句空話。

無論面對哪一種攻擊，唯一不敗的解方就是後退一步。在我看來，伊底帕斯的故事為我們提供的荒謬論證非常清楚：這滴從花瓶溢出的最後一滴水，唯有把它當作毒藥時，它才是毒藥。攻擊本

噗通！

身，是一種中性、被動的化學試劑，會成為毒藥或是解藥，全憑我們放了什麼樣的添加物。

實用的解決方法：重新申明立場，而不是衝撞回去

在此不得不說，曼德拉、甘地、耶穌、佛陀，無論是俗士或是教徒，這些縱橫古今、巧妙回擊衝突的大師們，實在名不虛傳，讓我們一起回顧這些經典人物吧！

「走出牢房的那一刻，我的使命就是同時解放受壓迫者和壓迫者。註7」

——曼德拉

註7

納爾遜・曼德拉（Nelson Mandela），《邁向自由之路》（*Un long chemin vers la liberté*），巴黎，法亞爾（Fayard）出版社，1995年。

入獄二十七年後，曼德拉於一九九四年五月成為南非總統，並宣布他拒絕接受任何黑人對白人進行報復的想法。他想建立一個彩虹之國註8。

這是二十五年前註9的事了。現在，每個人都認識曼德拉，但每個人都忘記了他前任幾位總統的名字。

甘地為印度的獨立奮戰，在英國的強權暴政之下，他必須安撫被激怒的軍隊，他們想以武力回應警察的警棍和子彈。甘地證明了非暴力抗爭的功效，而這個運動促成了他的國家在一九四七年獲得獨立。

兩千多年前，耶穌生活在律法進步的時代。比起「殺我兄弟，我就殺了你全家」族間仇殺的古老規矩，「以眼還眼，以牙還牙」的「同態報復法則」（loi du talion），還真是進步了不少！耶穌所嘗

註8

譯註：由聖公會開普敦教區大主教戴斯蒙．屠圖（Desmond Mpilo Tutu）於1994年南非完全民主選舉後提出，曼德拉就職總統時也引用這個名詞，意指建立一個多元文化的國家。

註9

作者寫這篇文章時為2019年。

試的事情，是延續這條進步的道路：「有人打你的右臉，連左臉也轉過來讓他打。」而從這裡開始，我們一路走到了否定暴力邏輯的盡頭。「你們若只愛你們的朋友，不會比任何的異教徒行得更善。[註10]」耶穌補充道。

簡而言之，面對侮辱時，要記得你此時不在法國網球公開賽的中場，不要用盡全力把球發回去，而要閃避它；不要成為受虐狂，而是讓球穿過去，它會偏離軌道並消失無蹤，不會造成更多傷害。但是，如果你把球扔回去，就像你朝空中吐口水，最終還是會砸回你身上。

看清楚，這些在歷史上主張非暴力的大師們，才是最後的贏家，他們把自身的能量運用在正確的地方，讓敵人白費力氣。

註10
譯註：出自馬太福音5：46-47，論愛仇敵。

佛洛伊德指出困難，以及克服的方法

首要的困難

「我們不是自己的主人。註11」

——佛洛伊德

一旦我們明白，促使我們反應過度的永遠不是理智，而是內部失衡時，我們就可以對於受到衝擊的兩個部分——既有的壓力和導致溢滿的那滴水——進行控制。

佛洛伊德重申了一遍：「我們不是自己的主人」。我們以為統領了自身帝國的一切，實際上卻相反。別把自己當作你以為的那個人，不要放縱那份與他人起衝突而產生的破壞性衝動。面對把我們

註11

佛洛伊德，《精神分析引論》（*Introduction à la psychanalyse*），巴黎，帕約（Payot）出版社，2015年，第18章，頁266-267。

推向錯誤方向的未知力量，最好的策略唯有謙卑——讓我們套用一下網球技巧中的網前發短球。

佛洛伊德對人類歷史的主要貢獻，是向我們重申，人類不是世界的中心，而且我們必須接受哥白尼和達爾文對人類早已造成的一系列自戀創傷：

1 哥白尼經由計算，證明地球不是宇宙的中心，而是在宇宙的邊緣；太陽則是星際中一個邊緣星系的中心。

2 達爾文接著證實，我們不過是動物一連串進化後的結果，我們不在創造世界的中心，而是在末端。

3 佛洛伊德釐清了，自我、理性、意識，並不是我們命運的主宰，反而是無意識的力量推動著我們。

我才是主人！
-SAM-

克服困難

「成長，代表接受並相信自己並不強大。」

佛洛伊德的這句話是成年後幸福的關鍵，讓我們面對每天席捲而來的海嘯時，能鼓起勇氣逃離。

在納粹的威脅下，佛洛伊德最終同意離開被德國入侵的祖國奧地利。他在二十多歲的時候對維也納還懷抱著依戀，但在他年屆八旬、病體孱弱時，仍然以正當理由逃離了故鄉。

偉大的社會學家皮耶．布赫迪厄（Pierre Bourdieu），在阿爾及利亞開啟他的職業生涯，他觀察一九五〇年代末的卡拜爾（Kabylie）男人會受迫於一種榮耀精神的挑釁。在大多數情況中，一方會受到另一方的激怒而做出回應，布赫迪厄指出，在他研究的小村莊裡，整體氛圍快速惡化。但是一些真正比其他人強大的村民沒有接受挑釁，沒有拾起他人扔到自己身上的手套[註12]（象徵性或現實中的）；暴力相向的循環因缺乏對手而終止，就像火勢一樣，因為沒有添加燃料而熄滅。

註12

譯註：拾起手套，意指接下挑戰。出自中古騎士的一種習俗，他們會對想跟自己戰鬥的人，挑釁地扔出手套或護手。

結語

為這個惡霸世界注入一點柔韌，你會是獲益最多的人。西哈諾[註13]在徒勞的戰鬥中筋疲力盡，悲慘地死去。舞槍弄劍令人目眩神迷，但這樣做不但減損了我們對幸福的希望，也減少了預期的壽命。溫柔並不妨礙堅定。入獄二十多年的曼德拉聽說有人提出釋放他，條件是要他保持緘默、不能重返政壇，他鼓起勇氣說了「不」，又被關在監獄將近五年的時間。其實，區別堅定與攻擊性，是很容易的。

註13

譯註：西哈諾・德・貝傑拉克（Savinien de Cyrano de Bergerac），17世紀的法國小說家、軍人和哲學家，個人事蹟被改編為電影《大鼻子情聖》。

CHAPITRE

4

佛洛伊德教我們，要不要毫無節制地抽菸、喝酒、開車，由你決定

你可以在香菸和酒精的直接快感，
以及喉癌或其他肝臟疾病的困擾之間，
取得平衡之道。
佛洛伊德數十年來衡量著盡情吸菸的風險，
也確實承擔了後果。

十九世紀的資產階級會透過具有良知的指引者（通常是教士），請求其協助，以便找到生存問題的答案。一般而言，他們得到的建議是明哲保身、安分守己，忍受生活中的種種不快，不埋怨。至於世俗的享樂，就先放在一邊。

佛洛伊德可否取代這些過於有智慧的顧問？他到底是站在把我們推向風險的一方，還是希望我們規規矩矩的一方？

初步觀察的結果，我們其實變得越來越有智慧了。證據是，我們的預期壽命在一個世紀內呈現爆炸性的成長，我們可能正在接近那條趨於無窮盡的漸近線，然而卻需要付出加倍的努力，才能獲得最微小的成果。在所有哺乳類動物的一生中，心臟在停止前大約會跳動十億次：小老鼠每分鐘六百次，只能活兩年；鯨魚每分鐘二十次，直到八十歲也只不過接近十億次；而人類衝破了碼表，心臟在六十年內跳動二十億次，是其他動物的兩倍[註1]。

然而，在過去五十年裡，有害事物的發明也呈倍數增加，吸引我們進行一些有可能縮短平均預期壽命的活動，像是：菸草和汽車、極限運動（超輕型航機、定點跳傘、越野賽跑等等）、成癮性消費（新型藥物、智慧型手機等等）。但每當我們過度地嘗試嶄新事物時，馬上又出現一個似乎可以幫助我們戒掉新癮頭的APP。最符合這種傾向的矛盾性代表，便是智慧型手機，我們無法把目光從它身上移開，還讓它建議我們下載應用程式，好監控我們的上癮程度，並且每天晚上跟我們報告……。

註1

想滿足好奇心的讀者，可瀏覽「研究之門」（Researchgate）網站，請掃描QR Code。

酗酒？
我嗎？
無稽之談！

測驗

問題

總統剛任命你為交通部長，你必須發表關於道路安全的演講。為了準備演講，你召集了一群專家，但你想賣弄一下知識來嚇唬他們。你想提醒他們，過去五十年來，汽車數量爆炸式增長，意外事故件數也急遽變化。那麼，你要怎麼說呢？

a. 意外事故件數增加了三倍。

b. 意外事故件數減少至四分之一。

c. 意外事故件數增加了四五%。

d. 意外事故件數下降了四五%。

解答

藏在下一頁的段落中！

事實上，我們不是變得比以前規矩一點而已，而是無限上綱地遵守規範，儘管具有良知的指引者早已不在。

這種節制最驚人的指標在法國公路的數據上可見一斑。自從一九七〇年代以來，公路上的死亡人數已減少至四分之一。

這便是近期道路安全的詳細資料。在一九七二年，惡性交通事故的死亡人數攀升至一萬六千人，可說到了巔峰。到了一九七三年，曲線終於驟降，據說第一個原因是：當年發生了石油危機，原油價格翻了四倍，減少了法國人開車的欲望。第二個原因比較有根據：那一年，在市郊駕駛時，強制規定前座必須繫上安全帶；幾年後，一九七九年，這項規定也在城鎮內強制施行。

五十年後，二〇二一年的今天，交通事故死亡的人數趨於穩定，大概是每年三千三百人。然而，這個令人印象深刻的八〇%下降率，仍低估了數字的變化幅度。

因為在這段時間裡，汽車的數量增長了三倍。假使我們今天還像一九七二年那樣在路上瘋狂駕駛，死亡人數會增加三倍，跟汽車的數量一樣，是每年四萬五千人。從四萬五千到三千三百人，死亡事故件數竟然下降了九〇%以上。

道路交通並非例外。在法國，無論是右派或左派輪替的政府，都費盡心思地提高我們的預期壽命。為此，他們要求我們努力變得越來越節制，不只在道路交通而已。讓我們先條列出這些五花八門的官方和非官方禁令，再從這一堆清單中分類：少抽菸、少喝酒和汽水，減少食用肉類、糖和汽水；每天吃五種水果和蔬菜；下載Yuka[註2]來排除添加劑成分、限制你的駕駛速度、降低家裡的溫度、每天讓室內通風五分鐘、幫你的生活減塑[註3]；睡多一點，有可

註2

譯註：計算營養成分的應用程式。

註3

〈大家一起來減塑〉（Déplastifions-nous），《新觀察家》（*L'Obs*），第2794期專題報導，2018年5月24日。

能的話，和竹林禪師[註4]一起做冥想；練習大笑瑜伽（Yoga du rire）、計算你滑iPhone的時間、每天走一萬步等等。

嬉皮時代（以及伴隨而來的陽光、大海、性愛和毒品）即將被遺忘了，該忘記這一切嗎？面對這麼多禁令，怎麼做才對我們有幫助呢？畢竟，這些做法對延續預期壽命很有效。更別提「挽救」（！）我們的性命，有助於經濟發展：我們在幼年時期已受惠於社會資源，當我們因交通事故而早逝時，不但會為社會帶來成本，還減少了好幾十年對國內生產毛額（GDP）的貢獻。

註4

譯註：Petit Bambou，幫助睡眠和放鬆的應用程式。

要採取的行動：承認你不是父母的孩子，而是屬於自己的世代

讓我們說得再具體一點。預期壽命在一個世紀內的增長，與前十個世紀是一樣多的。這些數字令人難以置信：在前一個世紀（二十世紀），我們的壽命從四十七歲增加到八十歲。事實上，出生率和兒童死亡率的下降，才是影響這項解釋的決定性因素。

我們活得越來越長壽，是因為比祖先更守規範、更有智慧嗎？不，恰好相反，我們更加謹慎小心，有可能是因為知道我們可以活得更長壽。

舉一個荒謬的論證：《伊利亞德》（*Iliade*）的英雄阿基里斯不想要長壽，更喜歡戰士的榮耀——而他英年早逝。還有另一個荒謬的論證：年僅四十五歲便去世的的作家奧斯卡．王爾德（Oscar

Wilde），他更偏好絢爛但短暫的一生，以下是他說過的名言：

「想重拾青春，只要再次犯下做過的蠢事即可。」

這是個古老的問題。「哲學」不過是「對處事智慧的愛」。也許從人類生命的開端，我們就表現得像是喜愛活得長命百歲、也就是非常有智慧的生物？

請想像一下科學的進步，讓我們突然享有一百五十多歲的預期壽命。第一個改變會是：我們會看到那些大膽狂徒戒掉危險的行為，他們將停止騎自行車闖紅燈，也不會在環城大道上的車流之間，如小丑炫技般地騎著腳踏車，防止如今可以延續很久的生命葬送在愚蠢的行為上。

危險！

請戴上
隔絕噪音的耳機

所有人都希望（身體健康地）活得長長久久，政府並不是唯一延長預期壽命的原因：「消滅死亡」是大西洋兩岸科學家最喜歡的口號。在法國，羅宏・亞歷山大（Laurent Alexandre，是創立健康知識網站doctissimo.com的外科醫生）出版了一些書籍，讓我們相信，透過日益精密的手術，我們很快就能變得長生不老。在加州，矽谷的天才領袖紛紛設法為永生的夢想挹注經費，耗資數百萬美元在研發上，特別是谷歌（Google）的股東和伊隆・馬斯克（Elon Musk，特斯拉汽車的創辦人），還自掏（口袋很深的）腰包投入這類研究。

如果父母叫你每個星期天都去參加彌撒，你會順從嗎？在法蘭索瓦一世[註5]的時代，答案是肯定的。但是，在我們這樣一個去基督教化的時代，父母這樣的強制命令聽起來相當不合時宜，可能讓你

註5

譯註：François I，1494～1547年，文藝復興時期的法國國王，在位期間極力推廣藝文發展。

測驗

假說實驗

在這個測驗中，科學還不夠先進，你有一半的朋友可以健康地活一個世紀半。你很幸運，成為有機會活得長壽的第一個世代的其中一員。

可惜，你最親愛的朋友可能屬於另外一半的族群，平均預期壽命停在八十歲左右；此外，你的朋友凱文不幸患上了一種罕見疾病，只能活六個月。

他請你幫他實現最瘋狂的幻想：從懸崖上做定點跳傘，他從青春期開始便為此著迷。因定點跳傘喪命的風險幾乎與俄羅斯輪盤一樣，大約是六分之一的「運氣」。凱文求你陪伴他到最後，和他一起縱身跳下懸崖，而你的GOPRO相機會讓他的跳躍永垂不朽。

你會怎麼選擇呢？

解答

答案的解析放在本章當中。答案沒有對錯之分，你的答案只是你心智年齡的指標，更確切地說是你的心理年齡！

一逮到機會就想違背。

如果父母勸阻你，叫你不要有任何婚前性生活，你會順從他們嗎？在路易十六（Louis XVI）的時代，答案是肯定的。但在一個毫無約束的時代（在法國，孩子自十五歲起，不需要父母同意便可服用避孕藥），父母這樣的禁制令聽起來很脫節，可能讓你一有機會就想冒險。

然而，在這個小學三年級生就配備手機的時代，家長就很難反抗這個時代的要求了。總而言之，我們猶如深受父母影響的孩子一樣，是大環境影響下的產物。

人類不是例外，對動物來說，外在環境的影響會產生關鍵性的作用。小鱷魚的性別不是由父母（隨機）的結合物來決定的，而是由浸泡巢穴的水溫所決定！當溫度約在三一．五°C時，鱷魚會是雄性，如果偏離這個水溫，就會是雌性。某些魚類或爬蟲類動物，其個體的性別也是由水的溫度高低來決定。環境會影響動物世界中個體的生物性，但對人類來說，只有周圍的文明世界才會影響我們的行為。

這就是我們變得更加理智的原因；隨著群體預期壽命延長，所有人越來越顧身惜命。這歸功於醫學的成效，以及政府在說服我們繫好安全帶等等措施，促成了這個結果。

一九一六年夏天，法軍為了在皮卡第（Picardie）擊退德國人，而下達了進攻的指令，造成每天（!!）有兩萬多名法國和英國年輕人喪生。這些攻勢迫使敵方後退了八公里。這是可恥、荒謬的數字，如果把它跟法英軍隊在五個月之內陣亡的三十萬人拿來比較的話（兩萬人乘以一百五十天的索姆河戰役註6）。這樣的犧牲，相當

註6

譯註：索姆河戰役（Bataille de la Somme），是第一次世界大戰中規模最大的戰爭。

於從地圖上抹去一個中型城市（亞維儂、雷恩或奧爾良），就為了前進八公里，但它絲毫沒有動搖兩國的政治領導人。當時的預期壽命是四十歲，我們派遣這些年僅二十歲的年輕人赴死，「浪費」了二十年的潛在壽命。在今天，法國一旦有士兵殉職，馬上有國家級的致敬儀式在巴黎傷兵院（Invalides）[註7]舉辦，因為這些年輕的士兵原本能長命百歲。

因此，在考慮戒菸或開始慢跑之前，我們必須意識到自己活在哪一種環境裡，這會影響我們個人的生活方針。

我們不是在空蕩的星空之中做決定，而是在一個混亂不堪的世界裡做決定，而從我們父母承襲而來的原則，只不過是讓天平朝向某方傾斜的其中一個砝碼。我們的日常行為和生活選擇，不僅跟我們受到的教養有關，跟我們所處的時代也同樣有關聯。

註7

譯註：巴黎傷兵院於1670年由法王路易十四下令建造，1687年啟用。原是用來接待及治療退伍軍人及抗戰後殘疾軍人的醫院，現為軍事博物館和舉行各種軍事儀式如殉職士兵葬禮的重要場地。

目標：遵守自己的法規命令

科盧奇死於車禍的那天，沒有戴安全帽。他在法國尼斯地區的一條狹窄道路上，騎著摩托車衝撞了卡車。戴安全帽的規定在一九八〇年便強制施行。但是，考慮到當時的情況，這輛卡車在不打方向燈的情況下開車左轉，難道戴安全帽能拯救科盧奇一命？也許可以，也許無法。

很少有人敢像科盧奇一樣擺脫禁令，無論是明示的還是暗示的禁令。問題是：我們到底要揮舞著自由大旗前進到多遠？我們願意為自己的自由聲明付出什麼樣的代價？若是罰款，就會威脅到那些不繫安全帶、超速駕駛或開車前喝酒的司機。

測驗

附加問題

你繼續對你召集的安全專家發表令人印象深刻的演講（參見第97頁的測驗題），跟他們提到騎摩托車戴安全帽的議題。你提醒他們，在美國，並不是所有地方都必須戴安全帽。你認為，在美國有多少州，戴安全帽並非強制性的規定？

a. 一個。

b. 十一個。

c. 二十一個。

d. 三十一個。

e. 五十一個。

解答

正確答案為 **c**。

糟了，
剛才是紅燈！?
YOLO

「緩步走，路更長。註8」

騎摩托車戴安全帽或乘車時繫好安全帶的義務，被自由主義遊說團體視為對個人自由的限制。美國的摩托車騎士以美國憲法序言中提到的自由選擇權為名義，成功地在美國大多數州廢除了這些法規。這個論述有其道理，但是很偏頗。

美國的自由主義遊說團體忽略了幾個事實：第一，在道路上守秩序，跟國家的規定並沒有絕對的關聯。第二，如前文所看到的，因為自身的預期壽命延長，每個人變得更為謹慎，無論是騎摩托車、開車和生活的各個層面都是如此（我們甚至毫無察覺）。第三，汽車的相關技術有了進步，變得更加堅固。ABS系統（Anti-lock Braking System，防鎖死煞車系統）幫助汽車縮短煞車距

註8

義大利諺語，直譯是：「別忘了鬆開油門踏板，讓汽車減速。」

離，在比五十年前更寬敞的車道和修繕得更好的路面上行駛。道路交通安全可作為生活其他方面的典範，像是在公寓裡安裝煙霧探測器，不得在淋浴間附近安裝電源插座等等。

因此，必須承認的是，即便我們個人的獨立自主，以及在降低交通和其他地方死亡率上長期建立的習慣，不是影響我們表面上守秩序的關鍵因素，某些人仍在為擴展個人的自由而抗爭。其中最強烈的主張，是有尊嚴地死去的權利（有權在家中使用由醫生開立處方的強效鎮靜劑，而非病死在醫院）。但是，這些事情都需要你思考並做出決定，而不是對偏離規範和違規行為可能的代價假裝一無所知。

假如你想抽菸，特別是如果你發現，當你停止抽菸會感到悲傷時，決定權就在你身上。國家警告你抽菸有害，但並未明言禁止。

你想繼續抽菸，還是尋找其他快樂的來源？至於禁止我們冒著自殺的風險去吸菸或高速駕駛（假設路上沒有人）是否合法？這樣的問題則變得次要。這些事要由我們每個人自己去「思考」，也就是「權衡」（「思考」在詞源上的意思）利弊、做出決定，然後採取行動（例如：「我要開始跑馬拉松」註9）。

註9

法國新聞電台France Inter的記者雷德萬・特哈（Redwane Telha），27歲，體重113公斤，身高178公分，半身不遂。他在2019年11月宣布他將受訓18個月，爭取參加並完成2021年的巴黎馬拉松比賽。但他沒有料到，2020年春季，法國封城，無益於他完成賽程的進度。

實用的解決方法：

在「對智慧的渴望」（即哲學）中，含有「渴望」一詞

科盧奇度過轟轟烈烈的一生，並在四十三歲時英年早逝。早在他之前，《伊利亞德》的主角阿基里斯寧願在他母親的遺憾之下提前死去，也不願過著平淡無奇、不涉危險的一生。

但是，有沒有和科盧奇和阿基里斯相反的例子？

「高速致人於死地，循規蹈矩亦然。」

是的，揮霍生命的反例是存在的，那就是福里茲．左恩（Fritz Zorn），他甚至出版了一本令人不勝唏噓、自傳式的書[註10]。他是出身瑞士新教資產階級家庭的老么，在蘇黎世過著循規蹈矩、和諧、

註10
福里茲．左恩，《火星》（*Mars*），1977年。

平淡、沒有衝突、無欲無求的生活，而他也因此而死，年僅三十二歲。他的書講述了殺死他的「癌症」，特別的是這個折磨他至死的癌症，病因是過著沒有起伏、平淡、純淨的生活。

因此，是時候該徹底擺脫是非選擇題了，這是一道遊走在兩個極端的陷阱題：是要無意識地迎向愚蠢的死亡，或是過度戒慎恐懼地活著？要找到這兩者以外的其他答案，是有可能的。

佛洛伊德選擇在極度痛苦中持續抽雪茄。他的下巴動了好幾次手術，最後不得不忍受用假體代替上頜，咀嚼、說話等行為變得困難，最後死於讓他受盡極大折磨的口腔癌。一九三八年，他為了逃離納粹，到倫敦避難，在隔年要求一位與他一起流亡的醫生朋友，提供一劑足以讓他擺脫痛苦的嗎啡，即便這會讓他從生命裡解脫。

因此，佛洛伊德明確地告訴我們，跟隨伊比鳩魯（Épicure，後亞歷山大大帝時期的希臘哲學家）的步伐，便沒有任何享樂會被禁止：你可以在香菸和酒精的直接快感，以及喉癌或其他肝臟疾病的困擾之間，取得平衡之道。佛洛伊德數十年來衡量著盡情吸菸的風險，也確實承擔了後果註11。

「我二十歲了。但我絕不會讓任何人說這是一生中最美的年華。註12」

——保羅・尼贊

佛洛伊德重申，精神分析不是心理治療，而是一種分析。意思是，如同所有的分析一樣，是一種把看起來複雜和難以掌控的毛線團，拆解（英文是break down）成簡單元素的練習。在他看來，他

註11

在70大壽那天，佛洛伊德說：「我討厭我機械般的下巴」。他從24歲開始抽菸，過沒多久後只抽雪茄。

註12

保羅・尼贊（Paul Nizan），《亞丁阿拉伯》（*Aden Arabie*），萊德（Rieder）出版社，1931年。譯註：保羅・尼贊為法國哲學家、作家，《亞丁阿拉伯》為其自傳性小說，此句出自小說開頭段落。

的學科命名所選用的詞語很重要，精神分析療程的挑戰並不是治療，畢竟人無法根治自己的欲望。真正的挑戰是回溯欲望的根源，並為此承擔：「成為本來的自己」。一個人意識到渴望搶劫法國中央銀行的這件事，可能會引導他再次意識到這個欲望包含了其他事物（！），埋藏在內心的更深處，而揭開這一連串埋藏的祕密和創傷，即是挑戰。

假使柯盧奇接受了精神分析療程，他有可能繼續不戴安全帽騎車，也可能會戴。與最精密尖端的機器相比，人類遠遠複雜得多，智慧只是我們本身的一部分。如果我們像一團複雜的毛線球，就必須承認毛線球無法變成一條筆直的毛線，可能會有些糾結，一邊戳弄自己設下的界限、一邊快樂地打滾著。

結語

如果享樂必須付出高昂的代價，那麼缺乏一切的愉悅感，則得由肉身償還，甚至付出更大的犧牲。當我們設法在阿基里斯的這一方，或是福里茲・左恩的那一方放置個人指南針，你會發現選擇的範圍其實很寬廣。

但是，決定幸福程度的，並不在於選擇範圍的廣度，而在於洞悉對我們來說重要的事情——我們願意在自己的行程表或在預算範圍內，做出哪些犧牲？什麼樣的犧牲是適度的（更複雜的詞彙是「適度」）？犧牲不能變得有破壞性，畢竟痛苦不是美德，只是一個訊息，一個我們即將踩過界，可能危害身體的訊息。

CHAPITRE

5

佛洛伊德教我們，性是心靈的第一個訪客

欲望和性，
以長期的親密關係或是一夜情的方式，
無所不在地存在我們的人際關係裡。
性欲只是我們能量的組成部分之一，
而佛洛伊德將我們的原始能量命名為「原欲」。

表面上看來，宙斯是領導者，安居在希臘奧林帕斯山頂峰上。表面上，宙斯統治著眾神和女神，這些神祇共同統治著古希臘所有的男人和女人。

然而，宙斯並不是至高無上的。有另一個「她」地位高於宙斯，她無情、不可磨滅、永不滿足。「她」，即是性衝動。可憐的眾神之首只好編造謊言來欺騙妻子赫拉，並想出越來越狡猾的計謀，以免引起赫拉的懷疑。如果有一種力量是宙斯抵擋不了的，那就是性欲的力量。

如果連眾神之王宙斯都是如此，奧林帕斯山的其他居民也沒什麼好羨慕他的，人類就更不用說了。

佛洛伊德先生，
請問，好了嗎？
我可以下去了嗎？
嗯……
再過五分鐘。

「愛情是吉普賽人的孩子，永遠無法無天。註1」

——卡門

從我們拉出的一小截毛線球尾端來看（假如可以這麼說的話），性無所不在。即使是賣乳酪（例如法國的卡布里絲乳酪），廣告也會把我們當作是對性愛感到飢渴的人。二〇一三年法國有一支短片，影片中主廚的愉悅之情與做分內工作的全體人員形成了強烈對比，甚至超越了本分。

註1

劇本《卡門》（*Carmen*），喬治・比才（Georges Bizet）創作的歌劇，1874年。

測驗——文化常識題

（終於等到這題了）

問題

1. 情人節源自哪個國家？

a. 古希臘。　　b. 古羅馬。

c. 中世紀的英國。　　d. 十九世紀的美國。

2. 二月十四日對應了某個具有象徵意義的日期，是哪一個？

a. 代表了一年中第七週的開始。

b. 是開始播種豌豆的傳統日，豌豆是生育的象徵。

c. 人們以前認為鳥兒會在這一天尋找配偶。

解答

1. a　2. c。

要採取的行動：別混淆衝動和性欲的能量

我們是由什麼組成的？是一點點的泥土和大量的水，然後以此為起點，產生出充沛的能量來支配其他陸地生物？想定義人類，代表試圖要回答「我們是由什麼組成的？」這個問題。而你會發現，定義恰好改變了。

對於生物學家來說，我們是動物，每個生命個體都只是一連串繁衍過程中轉瞬即逝、枝微末節的一段插曲。我們每個人只不過是叫做羅伯（Robert）或蕾雅（Léa）的短暫集合體，充當基因的臨時載體；多虧了性繁衍的機制，這些基因代代相傳地持續跨越時間。從這個角度而言，不用懷疑，性飢渴即是我們宿命的真相；而性愛遊戲只是一些誘餌或是開胃菜，讓我們想要扮演攜帶著永恆基因的臨時代理人角色。

「一朵花是什麼？一個邁入三十一歲的巨大性器。」

——艾蜜莉．諾彤（Amélie Nothomb，作家）

儘管生物學家稍微釐清了我們的行為，觀點仍然有些局限。生物學家的手術刀把我們拆解成更受本能而非理性所引導的生物，而在人工智慧時代則出現了另一種觀看人類的方式，每個人都成了一台智慧電子儀器，大腦處理身體（皮膚、眼睛、鼻子、手等）感測器所提供的資訊，以便生產、輸出或多或少適當的訊息和決策。對於在臉書（Facebook）或谷歌工作的研究工程師來說，人類就是一部大腦，可以如同配備了九百億個神經元的大型控制機器一樣地運轉、自我分析。模擬強大神經網絡註2的二十一世紀機器人，很快就能模仿，甚至超越我們的大腦，這要歸功於每秒數十億

註2

請參閱世界上被引用次數最多的發明家之一、法國人楊立昆（Yann Le Cun）的著作：《當機器學習時：人工神經網絡和深度學習的革命》（*Quand la machine apprend : La révolution des neurones artificiels et de l'apprentissage profond*）。巴黎，雅克布（Odile Jacob）出版社，2019年。

次運算的計算能力！

在這兩個極端的觀點之間，是否有心理學的容身之處？

事實上，人工智慧的浪潮不應該掩蓋人類舊有受精神分析啟發的定義，這個定義比生物學家的定義更廣泛。我們的生物基礎使我們成為熱力學循環的機器並消耗能量（我們攝入的卡路里），並奠基在這個基礎上進化。人類個體經由與他人結盟獲益，一方面是為了繁殖，另一方面是為了藉由與其他人合作來維持生計。隨著物理學的進步，揭開了所有形式的能量（熱能、電能等）的共同機制，使得這個具有多重意涵的定義，在十九世紀下半葉變得更精確。這三個定義最新綜合版本的結論是：我們是部能夠學習的智慧機器，配備了一台感測器，產生出感知，再轉化成情感，這多虧了我們大腦的處理和記憶能力，這些情感驅使我們（根據生存和繁殖的需要）採取行動，與其他人建立關係。而在我們看來，某些人似乎非常適合複製我們的優良品質！這種對於他人的張力，便會變成各種形式的欲望。

正如糖分以升糖指數或高或低的形式，充斥在我們的食物中。同樣地，欲望和性，以長期的親密關係或是一夜情的方式，無所不在地存在我們的人際關係裡。就像糖只是獲取能量的一種形式，性欲也只是我們能量的組成部分之一。佛洛伊德將我們的原始能量命名為「原欲」（libido），而不是愛欲。生物學和人工智慧領域無法掌握人類充滿矛盾的內心，「欲望」一詞也具有多重含義。早在佛洛伊德之前，聖奧古斯丁（Saint Augustin）已經區分了三種「原欲」，即：統治欲（libido dominandi）、求知欲（libido sciendi）、身心的感官欲（libido sentiendi）註3。

註3

聖奧古斯丁（354-430年），《真正的宗教》（*De la vraie religion*）。譯註：聖奧古斯丁是羅馬帝國末期的神學家、哲學家，對基督教神學有極大貢獻。

目標：衡量該把個人準則擺在兩個極端之間的何處

衝動是盲目的。

將這個道理詮釋得最驚世駭俗的戲劇表演，可能是美國當代劇作家愛德華·阿爾比（Edward Albee）的作品，他以《誰怕吳爾芙》（*Who's Afraid of Virginia Woolf ?*）聞名於世。在《山羊，或誰是希維亞？》（*The Goat, or who is Sylvia?*）一劇中，他寫得更毫不避諱。這齣獨幕劇在美國大獲成功，但二〇〇三年在法國上演時引起輿論撻伐，這齣戲講述了一對夫婦，在丈夫坦承愛上了……一隻山羊時，所引發的軒然大波。

劇作家本人是同性戀者，曾遭受排擠；當他十八歲時，養母察覺了他的性向，便把他趕出家門。

「這是一隻山羊。你和一隻山羊搞外遇。你跟一隻山羊性交，馬丁！註4」

觀眾們驚愕不已，覺得受騙上當而大失所望。他們為一個享譽世界的作家之名而來，卻發現自己得聽一位聲譽良好的喜劇演員（法國的安德雷·杜索里爾〔André Dussollier〕）為人獸戀情節低頭致歉。

但是，「我有什麼立場評斷他人？」，對於愛德華·阿爾比來說，教皇方濟各（Pope Francis）禁止污名化同性戀者的這句話，必須擴大延伸：「任何人都沒有權利裝成和審查員一樣，指責他人的行為。」我們每個人的心中都有一把尺，標示出自己的底線和最高限度的忍受範圍。在節制的性愛這方面，有些人似乎無法忍受禁

註4

愛德華·阿爾比《山羊，或誰是希維亞？》劇中對白。

-SAM-

欲，但有些人卻勇於談論此事——請參閱艾曼紐·理察（Emmanuelle Richard）《禁欲的身體》（*Les Corps abstinents*）一書：「我跟那些像我一樣再也不做愛的人討論過。註5」而在縱情的性愛這方面，接受的尺度也是很私人的事，像是雙性戀、交換伴侶等等。雖然這樣的情況確實日漸減少，但我們當中的某些人一下子就被踩到了底線，例如：同性戀是絕對不允許的。對山羊之愛的比喻，讓我們意識到自己的界線和厭惡的事物。而儘管有些理念在社群上被廣泛轉發，也無法賦予其合法性。在二十一世紀的當下，兩百個國家中有七十個國家，仍將同性戀視為犯罪行為，在伊朗、沙烏地阿拉伯、蘇丹、葉門、索馬利亞和茅利塔尼亞，可能被處以死刑。承認對一隻山羊的愛，是作者非常明確構建的一個隱喻，目的是讓我們意識到自己個人準則的局限性以及相對性。

註5

艾曼紐·理察《禁欲的身體》，巴黎，弗拉馬里翁（Flammarion）出版社，2020年。

還有第二種可能的解讀。一個男人要能夠愛一個女人（或男人），必須有能力去愛，就這麼簡單，必須存在一股生命的動力（一種專注於與其他人建立關係的能量）。這種純粹的能量，盲目地（正如佛洛伊德所言，甚至在「挑對象」之前就有了）強力推向他人的拉力，是必要的。接下來，你需要把這股能量消耗掉：可以消耗在性愛上，無論是一夜情或一對一的愛情關係，隨你高興；或是消耗在工作、體育或文化活動中，在精神分析的詞彙中，這稱為「昇華」。

實用的解決方法：區分夢境、幻想和現實

那麼，該如何處理我們的春夢以及性幻想？

性存在於人類精神生活的各個層面，但每個層面都有其獨特之處。我們是否該實現自己的夢，無論情欲與否？答案顯然是否定的。在我們的夢中，我們可以想像與自己的鄰居、老闆，或是與一個陌生人熱情如火的場景……但是，一般而言，我們不曉得自己的夢境內容，或是我們知曉其內容，但也知道無須嚴肅以對。因此，它們嚇人的一面不會讓我們手足無措。跟其他夢境一樣，火辣的夢境位於最深層的意識裡，只要以原有的面貌（即夢境）來看待就好。它們不需要被實現，有助於我們在第三層[註6]的日常現實中好好過生活；相反地，傾聽、分析和解讀夢境，以便從原始和自私的欲望階段，過渡到考慮他人的階段，這樣做是有益的。能夠把夢境納

註6

譯註：指的是現實生活中「自我」人格所處的層級。

入日常生活中考量，代表我們懂得如何傾聽夢境，而不是費盡心力付諸實行。要參酌夢境的訊息，就好比來自夜裡的微光，會在白日捎來意想不到的一盞明燈。

佛洛伊德最大的貢獻是，將人類思維描繪成一棟有數層樓的建築，而我們並非僅由一磚或一瓦構成。

「我即是他者。註7」

——韓波

佛洛伊德重新表述並強化了韓波的這句話。是的，自我不是一切，在明智和有意識的自我之下還有其他部分。但總體來說，我們不只有兩個，而是有三個部分：本我（le ça）、自我（le moi）和超

註7

致喬治・伊桑巴爾（Georges Izambar，韓波的修辭學老師）的信，1871年5月。譯註：韓波（Arthur Rimbaud），法國19世紀象徵主義派詩人。

CHAPITRE 5

我（le surmoi）註8。「我即是他者。」十六歲的韓波寫道。事實上，「人格三分結構」讓佛洛伊德的學說變得完整。接納這個多層次的架構，有助於我們接受夢境或幻想中令人驚嚇的事物。假如我們能成功地把夢境中最汙穢的部分，從「清水模製作的地窖」層面上移至「現實生活」層面，就是一種「預防勝於治療」。這是羅馬皇帝尼祿（Néron）不理解的事情：他夢見基督徒在羅馬縱火，而在冒煙的羅馬廢墟上控訴他們。但確切來說：如果你夢見自己縱火燒毀了永恆之城，你反而不太可能採取行動。

因為夢境、幻想和現實生活，占據了我們個人心理結構三個重疊但又相互獨立的層級，而這三個層級之間又並非完全阻隔，這就是困擾我們的地方。

該實現你的夢境嗎？我們已經知道這不是個恰當的問題，因為

註8

譯註：本我代表原始欲望，占據人格最大部分；自我負責處理現實事務；超我則代表道德化的自我。

我們不住在地下層。那麼該實現你的幻想嗎？比起夢境，這個答案複雜得多。

跟夢一樣，我們的幻想屬於廣義的性生活一部分。我們會發現，跟夢一樣，幻想不一定要被實現。幻想是我們精神生活的一部分，包含夜間夢境（我們一醒來就忘記）占據的無意識生活層級，以及日間現實的有意識生活層級。因此，幻想的地位曖昧不明，半夢半醒且難以實現！有時候我們為此癡狂，不知道該拿它們怎麼辦才好。

具體一點來說：纏繞在眾人心頭的幻想是什麼？是否可以藉著仔細觀察我們同時代的人來找到答案？在網路時代，答案變得隨手可得，因為我們一打開電腦就被追蹤了。在網路出現之前的世界，必須發起民調，才能知道我們渴望什麼。為了瞭解女性的幻想，

《美麗佳人》（*Marie-Claire*）、《柯夢波丹》（*Cosmopolitan*），或是現在的Doctissimo網站，經由調查提出這個問題，而女性讀者則老老實實地答覆了。排名前五位的幻想依序是：「和另一個女人上床」、「（和兩個男人）3P」、「被支配（當然是以雙方同意的方式）」、「在床上主導」和「窺視一對伴侶」註9。

「有性無愛是種空虛的體驗。沒錯，但在所有空虛的體驗中，它是最美好的！註10」

——伍迪．艾倫

然而，我們注意到，許多人會在民調中加油添醋以展現自己的優越，例如大聲宣揚自己對德法公共電視頻道（Arte）紀錄片的熱

註9

《柯夢波丹》2019年10月的調查報告。

註10

伍迪．艾倫（Woody Allen），節錄電影《愛與死》（*Love and Death*）對白，1975年。

愛，卻在現實生活中觀看法國電視一台（TF1）的肥皂劇。這就是網路變得可貴的地方，因為它不僅可以辨別我們的禮貌用語，還可以辨別我們的真實行徑：當我們獨自一人在螢幕前時，我們點擊了什麼、搜尋了什麼關鍵字？

根據「女性新聞」（https://www.journaldesfemmes.fr/）網站的報導，二〇一九年法國人在Pornhub（全世界最大的色情網站，流量超過紐約時報官網[註11]，搜尋最多的七個詞彙依序為：「素人」（人們要尋找逼真、真實的影像，而不是付錢請人拍攝、模擬性愛的那些影片）；「外星人」（最近的流行，鼓勵尋找外星生物）；「POV」（英文「Point of View Shot」的縮寫，即用第一人稱視角拍攝的影片，觀看者與拍攝者共享視角，一般來說是非常近的特寫）；「貝黛芬」（Belle Delphine，一位英國Instagram網紅的暱稱，她在二〇

註 11

資料來自美國記者莫琳．奧康納（Maureen O'Connor）部落格文章，請掃描QR Code。

一九年六月承諾，如果她收到一百萬個以上的邀請，就會在Pornhub網站上發布一段極私密的情色影片）；「Cosplay」（Costume Play的英文混合詞，制服性愛、角色扮演、變裝）；「熟女」（與戀童癖相反，但「成熟」的分類起始較早）；「雙性戀」（雙插頭）。

讓人意外的第一點是：在呈現兩個主要趨勢的結果中，較突出的部分顯示出人們尋求的是真實感，甚至粗製濫造的拍攝方式，而不是精心打造和理想化的影像。

要理解原因，我們必須往下看讓人意外的第二點——女性用戶占了搜尋量的三〇％。接著看看女性在色情網站上所搜尋的內容。由於情色網站Pornhub並不提供按性別區分的搜尋關鍵詞，由美國記者莫琳・奧康納深入研究這個問題的另一項分析報告，將幫助我們理解得更透徹。在網路上觀看免費色情片的女性，非常喜歡按摩類的影片，沒有劇情、沒有背景、沒有扭曲交纏的肢體，沒有複雜的姿勢，甚至看不到按摩者的臉。簡而言之，只是很平靜的畫面，卻能引發女性達到高潮，鏡像神經元在這種情況下運作得無比良好。鏡像神經元在二十世紀的九〇年代被義大利人發現，它們能經由模擬而變得活躍，例如看到有人喝酒時，會讓我們也想乾一杯。而在這個例子中，看到另一個女人性高潮，有助於自己達到高潮。繼按摩影片之後，高居女性熱門搜尋排行榜的是女同性戀影片，這證實了按摩影片的趨勢，因為被拍攝的兩個人至少有一個人會達到高潮。

然而，情色按摩從未出現在關於女性性幻想民調的熱門排行榜之中，這不是因為它難以實現，只是因為按摩影片很容易帶來獨自享受的歡愉。分析女性在情色網站的使用方式，幫助我們理解普遍的情況。「素人」或是「熟女」，抑或包含複雜情節的其他類型影片，跟自慰的情節一樣，都必須受到尊重，既不貶低也不捧上天，也別相信這些情節是用在不正當、可惡的行徑上。

尊重性幻想，就是接受它們本來的樣子，不要過猶不及。不必太隨興地看待性幻想，也就是不要試圖實現這些幻想。也不必看得太嚴重，意思是不要審查這些性幻想。只需要考慮到，在大多數情況下，性幻想是紓解個人欲望的一種白日夢。

佛洛伊德指出困難，以及克服的方法：在本能和文化之間享受性欲

佛洛伊德不認為自己學藝不精，但在科學探索的層面，他懂得保持謙遜。直到最後，他仍一再重申，性是一道謎題，而他未能掌握所有的關鍵。因此，閱讀接下來的內容時，請秉持懷疑的精神。關於性行為，振振有詞的道理通常破綻百出，一套理論走天下的，通常都是不求甚解的人。

讓我們從頭開始談起：拋開任何企圖把人類變得像其他動物一樣，意即服從本能的想法。我們獸性的一面具有本能的力量，就像一個目標導向、不可竄改的電腦程式，例如自衛的本能，促使瞪羚在看到獅子靠得太近時便逃之夭夭。與本能的根深蒂固相反，人類的驅力（pulsion）是一個靈活的程式，其中的組件可以更改。驅力

介於動物和人類的邊界，或更確切地說，介於肉體和精神的邊界。

「在我們看來，驅力是限定於精神和軀體之間的一種概念[註12]。」

性驅力在一開始時沒有預設的對象，例如，「性衝動」並不存在，因為做愛的欲望是驅力演化的結果，直到青春期才顯現出來，而不是更早之前。

因此，與支配動物界的本能相反，驅力會依據我們的個人經歷，朝向性格差異甚遠的欲望對象前進。此外，文化因素也牽涉其中，包括要求我們把部分原欲能量投入藝術活動、社會、政治、事業活動等等。

「人類是社會性的動物。[註13]」

——亞里斯多德

註12

佛洛伊德，《驅力與其命運》（*Pulsion et destin des pulsions*），《1915-1917年著作全集》，巴黎，法國大學出版社，2000年。

註13

亞里斯多德（Aristote），《尼各馬可倫理學》（*Éthique à Nicomaque*, IX, 9, 1169b）。

源自童年（一般來說，我們會先經歷口腔期，接著是肛門期）的部分驅力，不一定會在成年期消失。它們可以被融合、扭曲和接受，視情況而定。我們個人的成長歷程，是由成長的文明社會，以及童年生活留下的深深烙印而得來的，促使我們個別產生了不同的欲望，甚至依據不同時期或多或少地強烈地感受到性欲。性不是一條平靜無波的長河，我們在短暫的一生中不足以看得透澈。請看清你的內心：當你是異性戀時，應該嘗試更瞭解另一個性別的人；或嘗試更瞭解你的伴侶，無論你的性向為何。

即便專橫如佛洛伊德，也曾向朋友瑪麗．波拿巴（Marie Bonaparte）坦承道：

「儘管我對女性的靈魂進行了三十年的研究，我還是不知道：女

「人到底想要什麼？註14」

——佛洛伊德

要了解文化和技術限制的影響，只要觀看佛洛伊德作為丈夫的生活就夠了。他生活在一個跟我們不同的時代，那時候，婚前性行為並不那麼被社會接受，婚後避孕也不像今日一樣有成效。他在一八八六年、年屆三十歲步入婚姻，雙方的家庭都要求他事業足夠穩定後，才能承擔家庭責任。西格蒙德與瑪莎結為夫婦後，在一八八七年到一八九五年之間生下六個孩子。瑪莎因密集的懷孕而精疲力盡，西格蒙德則從一八九三年開始嘗試禁欲措施，結果卻是生下了安娜·佛洛伊德（Anna Freud）。安娜老早就知道她的出生是不受歡迎的，也許正因如此，她過著艱困的一生。總之，在安娜出生

註14

〈佛洛伊德致瑪麗·波拿巴的信〉（Sigmund Freud à Marie Bonaparte），引述自歐內斯特·瓊斯（Ernest Jones），1950年。

後，年僅四十歲的父親西格蒙德，決定不再與妻子發生性關係，成為一個關懷備至的丈夫。

幾年後，研究者佛洛伊德寫道：「普遍來說，我們的文明是奠基在對驅力的壓抑之上。註15」

註15

佛洛伊德，《「文明的」性道德與現代神經症》（*La Morale sexuelle《civilisée》et la maladie nerveuse des temps modernes*），1908年。

結語

因此，我們的衝動和性生活的演變，是個人和自身家庭生活受到當下技術和文明的限制，所產生的結果。事實證明，相較於十九世紀，二十一世紀的限制顯然較不綁手綁腳。性可以成為我們心靈中受歡迎的訪客，不會像過往年代那樣令人困擾。現在正是時候，利用文明為我們提供的可能性，把我們的性欲融入個人生活的不同層面，包括無意識、幻想和現實的層面。即便腦中存在著各種審查委員會，我們只需要明白一件事：在採取實際行動之前，任何幻想，甚至古怪的狂想，都是正常的。

CHAPITRE

6

佛洛伊德教我們，永遠不要輕忽陰蒂

佛洛伊德大膽寫道，
在社會介入壓抑青春期的女性性欲之前，
女孩和男孩都同樣強烈地追求性快感。
他明確指出，
女性的性快感是透過陰蒂傳遞的。

地球上有數十億人生來就有陰蒂，這個器官在這些人成年的發育過程中發揮著重要作用。然而，陰蒂疆域的深度長期以來一直受到忽視，就像一片未經探索的未知土地。因此，過去對陰蒂所做的充滿錯誤和缺漏的描述，在今天看來顯得很可笑。

我們終於擺脫了重男輕女、智識未開的時代。佛洛伊德在這場長期貶損女性性欲的行動中扮演了要角，使他成為這些激烈論戰的箭靶之一。到底孰是孰非？在回答這個問題之前，先回顧一下我們對女性快感的肯定和疑問。

最偉大的科學之謎：

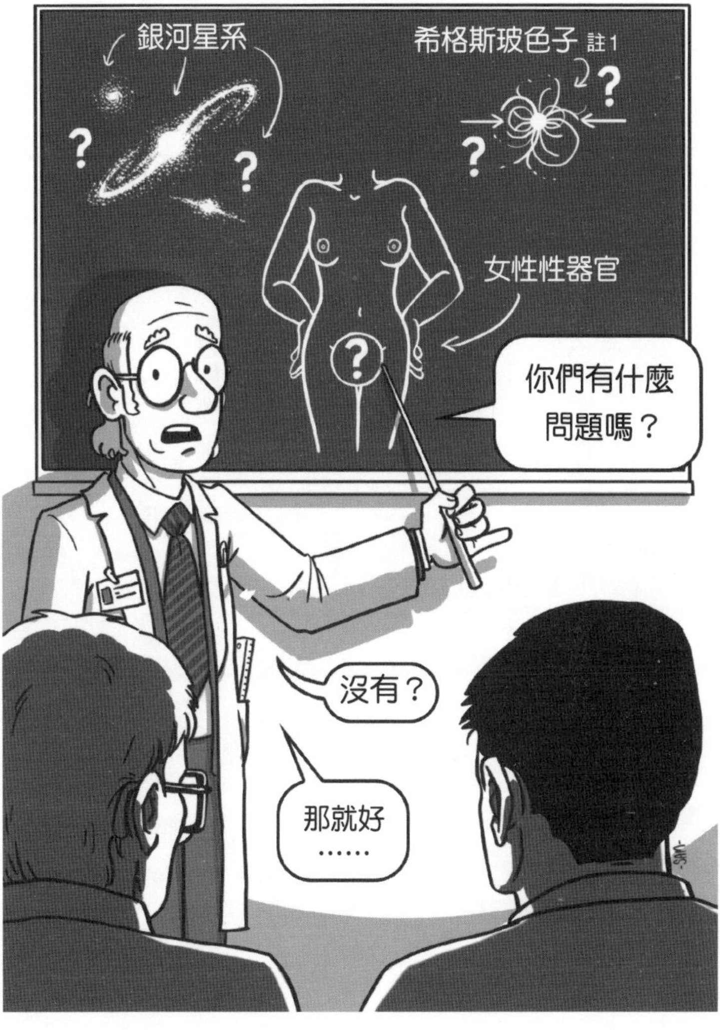

註1

譯註：俗稱「上帝粒子」，用來解釋宇宙間的粒子為何具有質量的關鍵。

在這個介紹陰蒂的篇章前，先用以下三點為讀者打個預防針：

- **第一**：關於跟人類切身相關科學領域的困難點。假使觀測最遙遠的星系跟科學有關（而且僅限於科學範疇），那麼對陰蒂的觀察則是另一回事，否則這件事早就被摸得一清二楚了。由於人的情感牽涉其中，模糊了視角；再加上研究人員戴上有色眼鏡，最糟糕的是，文化偏見讓人很難看清眼前的事物。
- **第二**：比較的藝術。當我們將甜鹹的概念進行比較時，會更理解甜的概念，因此我們會毫不猶豫地比較陰蒂和陰莖。
- **第三**：記住生理性別和社會性別的差異。臉書非常慷慨地為我們提供了五十種性別（甚至更多）選項，如果我們希望在註冊時明確指定個人資料的這一欄，每個人都可以將自己定義為「性別流動」（gender-fluid）、「無性戀」（asexuel）、「非二元性」（non

binaire）、「中性」（neutre）、「泛性別」（pangenre）、「雌雄同體」（hermaphrodite）、「順性別女性」（femme cisgenre）、「跨性別男性」（homme transgenre）……。

但是，請允許我們進入豐富的社會性別細節的這個步驟，這並不是強制性的選項。臉書把另一個不可任選的步驟排在這個選項之前，也就是指定我們的生理性別。然而，在這裡，臉書只讓我們在兩種性別之間做出選擇。在本章中，我們將把注意力集中在天生擁有陰蒂的人身上，無論他們後期如何展現自己的社會性別。

關於陰蒂的笑話多到能塞滿這本書的所有頁面，無論是由認真的研究人員，或靈感枯竭的喜劇演員所造成的謬誤和恐懼，都堆得滿坑滿谷。我們僅引用其中的一例，讓人一窺這個領域有多深邃：

「陰蒂就像對講機：如果按壓之後沒有回應的話，就沒必要堅持下去了，因為那裡空無一人。註2」

——派崔克．塞巴斯蒂安

為了嚴肅地討論這個身體部位，讓我們先從歷史開始講起，有助於理解為何這麼多愚蠢和晦澀的話題全部集中在人體唯一獻給歡愉的器官上，而且這似乎讓許多人感到困擾。

註2

派崔克．塞巴斯蒂安（Patrick Sébastien），《個人紀事》（*Carnet de notes*），巴黎，Le Cherche Midi出版社，2001年。譯註：派崔克．塞巴斯蒂安為法國模仿諧星、導演、歌手。

要採取的行動：擺脫長久累積的謬論

哥白尼勇於提出太陽不繞著地球轉的假設，跟我們的直覺，以及希臘羅馬時代以來人們反覆述說的一切截然不同，從那一刻起，現代科學一飛衝天。當時是一五一五年，對於熟悉法蘭索瓦一世在馬里尼亞諾（Marignan）戰役取得勝利的法國人來說，這是很容易參照的時間點。從這場革命（不得不這麼說）開始，科學家允許自己探索很遠的物體（外太空）和很近的身體。

在馬里尼亞諾戰役後一年誕生，與發現美洲新大陸的哥倫布同姓的義大利外科醫生雷爾多·哥倫布（Realdo Colombo）進行過上千次解剖，發現了一個器官，他如此描述：「如果你觸摸它，它會變得又硬又長，甚至呈現出男性生殖器的外觀。註3」當時他已年屆四十，我們可以想見，在女士們一命嗚呼之前，他應該搔過她們的

註3

引自黛爾芬·加迪（Delphine Gardey），《陰蒂的政治》（*Politique du clitoris*），巴黎，Textuel出版社，2019年。

陰蒂並且察覺到這件事！

當時是一五五九年，法國正逢宗教戰爭；在義大利，正值外科醫生之間的戰爭。哥倫布在巴都亞（Padoue，鄰近威尼斯）解剖學的學生及教職繼任者法洛皮歐（Fallope），對女性生殖器的的出色描述，讓他為後世留下了「輸卵管」（trompes de Fallope，直譯為法洛皮歐管）之名。他毫不謙虛地聲稱，自己早在雷爾多．哥倫布之前就發現了陰蒂，而陰蒂差一點就被命名為法洛皮歐！

測驗

問題

這個模型代表的是：

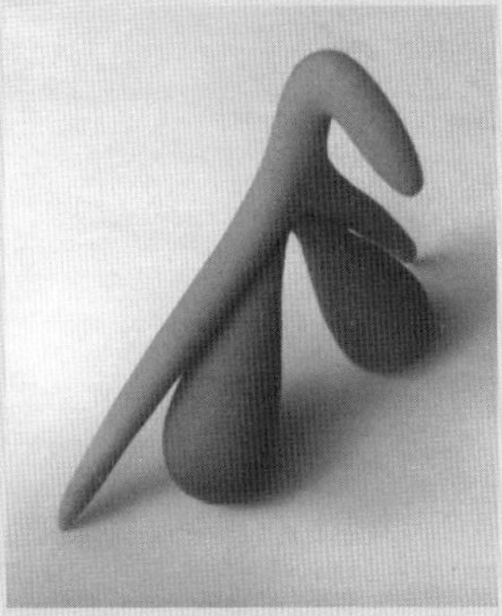

a. 帶有肌腱和肌肉的雞骨頭。

b. 裝備武器的協和號（Concorde）軍用飛機型號之一。

c. 附帶內側前庭球的陰蒂。

解答

毫無懸念：正確答案是c，而a和b是某些人對陰蒂結構的假說註4。正確來說，實際尺寸的模型總長約有十公分。前面的陰蒂頭是唯一看得到的部分，其他部分是看不到的。

註4

譯註：作者在開玩笑，指某些人以為陰蒂長得像雞骨頭和協和號。

陰蒂的解剖學描述花了四個世紀才完成。畢竟，從一五五〇年代至今日，歷史不是一條靜靜流淌的長河，而是不斷更迭的進步和倒退。

二〇一六年，巴黎中央理工學院一位女性工程師奧黛爾．菲奧德（Odile Fillod）產生了設計這個陰蒂3D模型的點子。她做了慷慨的決定，讓全世界都可以免費複製、使用這個模型。由高級性別平等委員會（Haut conseil à l'égalité）製作的一份關於性教育的報告說明，在二〇一六年，「十五歲女孩有四分之一不知道她們有陰蒂，而八三％的國中八年級和九年級女學生不瞭解陰蒂的功能。註5」最糟糕的是，她們不知道如何描繪自己的性器官，卻知道如何描繪男性的。因此，這個決定對性教育大有助益。我重申一遍，這是二〇一六年的報告。形狀為X的女性染色體，首先對應到的，似

註5
朱麗葉．德波德（Juliette Deborde）的文章，〈向學生解釋「快感」的陰蒂3D模型〉（Un clitoris en 3D pour "expliquer le plaisir aux élèves"），法國自由報（*Libération*），2016年8月31日。

乎是數學方程式中的未知數。

四年來，奧黛爾．菲奧德設計的陰蒂3D模型，以及模型動畫影片在YouTube上的播放，在大眾對陰蒂解剖學的實際認識上，取得了超乎想像的進展，希望在年輕女孩身上也有一樣成效。

因此，我們迫切地需要擺脫這個謬論（例如：「陰蒂是一個小小的按鈕」）；更重要的是，女性必須意識到，這個受到男性主義文明激烈貶低的器官（更別提那些鼓吹切除它的文化）的存在。

目標：自行探索陰蒂

科學知識很重要，但這只是第一步。無論女孩或男孩，都必須實戰演練。對你來說，許多爭論將會因此顯得過時。

第一個是嘗試區分陰蒂高潮和陰道高潮。實際上，所有的高潮都是陰蒂的高潮，但可以從陰蒂的不同區域來觸發。兩個關鍵的性感地區，其一是著名的「按鈕」（又稱「陰蒂頭」），即顯露於外、僅占冰山一角的部分）；另一個則是「G點」，位於陰道前壁、距離陰道口三公分。一九八一年以來，G點一直被如此稱呼，G取自德國婦產科醫生恩斯特．葛雷芬伯（Ernst Gräfenberg）姓氏的首個字母，他在一九五〇年代辨識出陰道這個極敏感的區域，但不知道它實際上對應的是圍繞著陰道、高度受到神經支配，能勃起的陰蒂內側部分。

至於實戰演練的細節，與其讀書還不如身體力行，你可以獨自一人、兩人（女女或男女一組）或是你喜歡的任何方式，包括手指、按摩棒和男性生殖器。正常來說，搞砸的風險是零——除了腦內啡（endorphine）和催產素（ocytocine）會讓你幸福得快要爆炸之外。研究幸福的心理學，也與我們體內的化學工廠有關。

在你衝去演練幾回合之前，最後再提醒一下：本章的重點雖然是陰蒂，但不該忘記其他性感帶（乳房、生殖器區域）的存在，探索前者以及那些雖未標示出來、但一樣可以喚起性興奮的地帶，將使實戰演練獲益良多。最後，不要忽視一件事：大腦才是人類首要的性感帶。

「在布吉納法索的語言中，『kir』這個字被同時用來表示『陰莖』

和『酋長』。註6」

參照過去幾年的性愛實戰經驗，以及科學提供的新知識的綜合結果，一般來說，應該能指引女孩和男孩做出一些調整：

——認清陰蒂不是縮小版的陰莖，而是同樣具有分量的器官。

——認清兩者（陰莖和陰蒂）均由高度受神經支配的勃起組織組成，而不是白費力氣地拿陰蒂神經末梢的最高數量和陰莖的最長尺寸互相比較來得出結論。

——認清如果女孩堅持前戲，並不是因為她們「纖細易感」，而是因為在前戲期間，陰蒂能得到更充分的愛撫。

——認清無論是天生有陰莖或是有陰蒂的人，都可以當任何一片土地上的「酋長」。

註6

希樂薇・方贊（Sylvie Fainzang），〈割禮、陰蒂切除和支配關係〉（Circoncision, excision et rapports de domination），《人類學與社會學期刊》（*Anthropologie et Société*），第9卷，No. 1, 1985年，頁117-127。

佛洛伊德指出困難，以及打破女性性欲禁忌的方法

佛洛伊德足足領先了生物學教科書出版社一個世紀：下面這句話是在一九〇五年出版的！

「關於小女孩的自慰，我從經驗中學到的一切在在向我顯示了，在所有外生殖器中，陰蒂所占據的重要性。註7」

我們確實可以批評教科書出版商，因為他們一直等到二〇一七年，才在生物教科書的女性性器官插圖中，標出陰蒂的存在（這是法國的情況，在其他地區，這部分的知識仍是一片荒漠）。但是，至少法國教育部關注性的教育，因為在十九世紀末，佛洛伊德開始寫作的時候，情況簡直比荒漠還糟。在整個歐洲（不只在奧地

註7
佛洛伊德，《性學三論》，頁129。

利），醫生認為女性自慰會對身心健康帶來災難性的後果。那時在歐洲甚至美國，人們會毫不猶豫地實施陰蒂切割術，確切地說，是摘除或切除陰蒂註8。

針對性教育勇敢打破沈默的第一批女性，以打動人心的標題發表了她們的建議，宣告女性所期待的事物，例如：《貞潔學校》一書註9。

從各個角度來看，歐洲資產階級年輕女孩都是「進退兩難」，從這個成語的兩層意義註10來說，她們的宿命是在丈夫的陰影下扮演天真傻氣的女孩；同一時間，男人卻頻繁光顧妓院，至少在他們初次的性愛體驗後，便常駐於此。而關心女兒健康的母親們，必須警告她們有染病的風險。在這種情況下，女性的歡愉是微不足道的變

註8
尤勒斯普雷格博士（Dr Ullerspreger），《陰蒂切除術作為歇斯底里症、癲癇症和異化症的治療方法》（*De la clitoridectomie comme traitement de l'hystérie, de l'épilepsie et de l'aliénation*），《醫學心理學年鑑》（*Annales médico-psychologiques*），1869年，引自黛爾芬．加迪，《陰蒂的政治》。

註9
碧宗卡（Pieczinska）博士，《貞潔學校》（*L'École de la pureté*），1898年。

數，只是夫妻方程式中一個小小的X參數。

在這種很容易染患性病的背景下，佛洛伊德直言不諱。他大膽寫道，在社會介入壓抑青春期的女性性欲之前，女孩和男孩都同樣強烈地追求性快感。佛洛伊德還明確指出，女性的性快感是透過陰蒂傳遞的。

「女童的陰蒂能特別引起性興奮，這是獲得自體滿足的地方。註11」

——佛洛伊德

佛洛伊德寫的這整句話很值得摘錄：「在幼兒時期，女童的陰蒂相當於陰莖，能特別引起性興奮，是獲得自體滿足的地方。」

註10

譯註：法文的coincé，指卡住、進退不得，也指一個人過於拘謹、放不開。

註11

佛洛伊德，《精神分析引論》（*Leçons d'introduction à la psychanalyse*），《1915-1917年著作全集》（*Œuvres complètes，1915-1917*），巴黎，法國大學出版社，2000年。

在一個母親特別針對衛生安全（男人從妓院帶回性病）對女兒耳提面命，以及孩童的性行為是禁忌（尤其是女孩的性行為）的時代，得要有膽量才寫得出女童喜歡自慰。這件事沒有男女之別：「達到快感的行為，通常是以手進行摩擦，或是透過收緊兩個大腿的運動，施以壓力（反射行為預先準備的動作）；後者在女孩身上尤其常見，男孩則更喜歡用手的方式自慰……。註12」

註12

佛洛伊德，《性學三論》。

我要飛向
欲仙
欲死的
境界！

讀到這裡，似乎很難宣稱佛洛伊德是「陰蒂的頭號敵人」，如同洛瑞·特拉維西（Lori Malépart-Traversy）在二〇一七年拍攝的魁北克紀錄片中（拍得真好）反覆述說的那樣，該紀錄片累積了近四百萬觀看次數。「陰蒂的頭號敵人」這句標語隨即被許多其他媒體原封不動地挪用，包括二〇一八年七月十四日出刊的《費加洛報》（*Le Figaro*）[註13]。

佛洛伊德經常承認他不完全理解女性的性行為，他特別對於源自陰道的性興奮感到遲疑。「人們經常聲稱陰道的性興奮突發得很早。在這種情況下，很有可能只是陰蒂的興奮，即類似於陰莖的器官。[註14]」這句話有令人難以置信的先見之明。佛洛伊德關於人們以為是陰道，而實際上是陰蒂所引起的快感的這個假設是大膽的，此外也是事實，過了將近一個世紀的時間才得到證實。快感來自陰道

註13

洛瑞·特拉維西，紀錄片《蒂蒂有話說》（*Le Clitoris*），隨後被廣泛引用，例如瑪麗娜·范·德·克魯夫特（Marine Van Der Kluft）的文章：〈陰蒂：女性歡愉的器官是怎麼從解剖學書中消聲匿跡的〉，《費加洛報》，2018年7月14日。

註14

佛洛伊德，《精神分析刪減版》（*Abrégé de psychanalyse*），1946年（佛洛伊德逝世後出版），頁15。

是種錯覺的這個假設，只不過是佛洛伊德預先意識到陰蒂冰山一角的存在罷了。佛洛伊德當時無法研究得更深入，因為當時陰蒂隱藏的尺寸仍不為人知（它從十六世紀以來便被遺忘、被禁忌所掩蓋，連科學家也是受害者）。

只是。

只是佛洛伊德還寫了一句震驚四座的話：「對於即將成為女人的小女孩來說，陰蒂在對的時間，會完全地屈服於這種敏感性，以利於陰道口的性興奮，是非常重要的。註15」

譴責佛洛伊德這句話的女性讀者只讀了前半句，並未留意到（或是想要忘記）在後半句中，佛洛伊德提及了對於男孩和女孩的

註15

佛洛伊德，《精神分析引論》，《1915-1917年著作全集》，頁313。

相同約束。青春期標誌著一個心理和生理的轉捩點，推動著青少男女跨越自慰的階段。佛洛伊德比較了男孩和女孩兩方：男孩較容易接受這個急遽轉變，女孩比較難。他解釋，只要陰莖仍然是快感的「傳導區域」，男孩便能更輕易地轉向生殖器的性行為（插入式的性行為）。「男性們從幼年時期以來一直保有相同的性快感區域。」對於女孩，佛洛伊德承認情況要複雜得多，而且女孩必須接受這個挑戰。他花費好幾頁篇幅描述：「如何成功地轉移快感的傳導區域——從陰蒂轉移至陰道口？註16」讓我們引述他的話：「當陰蒂在性行為中被刺激時（我的註解：也就是前戲不草率），便會發揮它的作用，把這種性興奮傳遞給鄰近的女性性器官，如同引起硬木燃燒的乾柴一樣。」

佛洛伊德非但不是陰蒂的敵人，還是陰蒂的好朋友，他在二十

註16

佛洛伊德，《性學三論》，頁129及後頁。

世紀初寫的關於幼兒時期和成熟女性時期的陰蒂快感相關文章，依舊引起空前的熱議：在climax.how網站（專門讓女性學習達到性高潮的網站）發表的一項研究顯示，有二六%的法國女性從未自慰過，而三五%的女性甚至聲稱她們從未試圖觀察自己的陰蒂。

結語

我想對女性讀者說，唯一需要謹記在心的「性」福建議（如果妳只想記住一個建議的話），那就是：「照顧好妳的陰蒂」。我也想對其他性別的讀者說，跟伴侶的性愛之事，唯一需要謹記在心的「性」福建議（如果你只想記住一個的話），那就是：「照顧好伴侶的陰蒂」。

結語

佛洛伊德與放下執念的東方哲學

精神分析的技術，是針對所有受苦的人，
而放下執念的技巧，是針對更廣大的群眾，
雖然兩者有著截然不同的起點，但目標是一樣的。

透過言語，做出行動

是時候來回答本書的書名所提出的問題了：什麼叫做「像佛洛伊德一樣思考和行動」？簡單來說，就是透過言語做出行動。其他行動的途徑同樣存在，我們會在開放的對照形式之下得出結論。

佛洛伊德誕生於歐洲知識分子發現東方哲學之際，大英帝國當時正在編織遠至印度的網絡；葡萄牙人和荷蘭人已經在那裡設立了商行……。歐洲國家與東方殖民地之間不僅僅有經濟的交易，講德語的知識分子同樣也處於這場發現的前哨站，從叔本華到尼采尤其如此。

在今天，來自東方的思維和行為方式的魅力已經遠遠超出知識分子的圈圈。這個風潮甚至在瑜伽和佛教的加持和融合之下轉化，啟發催生了許多關於「放下」這種哲學的個人成長書目。

該在這兩種思維中選擇其中一個嗎？

「任何凡人都無法保有祕密。假使嘴唇保持緘默，那麼吐露話語的便是手指。皮膚的每個毛孔都會出賣你的想法。註1」

——佛洛伊德

佛洛伊德生於一個重視言語勝過身體力行的文明。精神分析傾聽身體的語言，但不會將其作為分析心理的基礎，這裡有兩個線索：家庭祕密，以及伊底帕斯的故事。

- 大多數精神分析師註2忽視了透過肢體語言傳遞的家庭祕密。

註1

佛洛伊德，《精神分析引論》，《1915-1917年著作全集》。

註2

相反地，心理治療師卻對這個主題感興趣。例如，請參見安妮．安塞琳．舒城貝克（Anne Ancelin Schützenberger，師承心理學家馮絲瓦茲．多爾多〔Françoise Dolto〕）的書籍《哎呀，我的祖先！身體的秘密語言》（*Aïe, mes aïeux ! La Langue secrète du corps*），巴黎，帕約出版社，2015年；或是《家族治療》（*Psychogénéalogie*），巴黎，帕約出版社，2015年。

最明顯的例子之一，是父母有時候會隱瞞孩子的家庭祕密。顧名思義，父母為這些祕密守口如瓶，但孩子卻心懷存疑，「真相最終會在某個時間點爆發出來」。孩子是如何理解那些閉口不談的事？同樣來自一個「充滿祕密的家庭註3」的精神分析師塞爾日・提賽宏（Serge Tisseron），揭露了謎團的關鍵。提賽宏對漫畫充滿熱情，他意識到漫畫應該要將肢體語言描繪得更明確。漫畫揭露了言談隱而不宣的情緒；身體透過態度、面部表情、鬼臉、靜止、僵硬、扭曲、不對稱來表達。在漫畫中描繪的肢體，傳達了對話框談及內容的補充訊息，有時甚至是矛盾的。提賽宏沒忘了把漫畫轉譯成現實生活，那就是——我們的身體會說話。

這是針對身體所發出徵兆的一種關注，而這些蛛絲馬跡會被加進口頭話語的分析之中。我們是具備語言能力的生物，任何療程都

註3

塞爾日・提賽宏（Serge Tisseron），《羞愧至死》（*Mort de honte*），巴黎，阿爾賓・米歇爾（Albin Michel）出版社，2019年。作者察覺到，影響父親甚鉅（在家族企業破產後）的那股羞恥感，早已潛移默化，傳給了他。

是透過一段對話來進行，而不會在嚴格的生理層面上發揮作用。榮格派的精神分析學家註4則是借助集體無意識的概念，解開代代相傳的家庭祕密。

概括而言，所有的臨床精神分析都強調話語的分析。詞語與身體之間的關係，會從兩個方面切入：一方面是為了詮釋身體的異常（這些異常代表什麼意思？）；另一方面是為了解析精神分析療程對身體的影響。在這兩種情況下，面臨的挑戰都是「讓身體說話」，傾聽它，詮釋身體所承受的（而非表現的）信號。

- 一位占卜師向伊底帕斯的父親萊瑤斯宣布，如果他有兒子，後者會殺了他，這是萊瑤斯不樂見的事。伊底帕斯出生後，他的父親將他託給一個農民，「把他棄置」在森林裡（其實是「把他遺棄

註4

卡爾・古斯塔夫・榮格（Carl Gustav Jung），在與佛洛伊德相處緊密的一段時光後（佛洛伊德甚至委託他擔任國際精神分析學會主席），在教義層面上，與佛洛伊德的觀點分道揚鑣，在精神分析學家的社群中產生分裂。

在森林裡，雙腳綁起吊掛，讓狼群吞噬」的委婉說法）。一個農民正在為無法生育的科林斯國王尋找可以收養的嬰兒，伊底帕斯因為這個幸運的巧合而得救。二十年後，同樣的戲碼再度上演，伊底帕斯詢問皮媞亞，她宣布他將弒父娶母，這是伊底帕斯不樂見的事。

這些接二連三的預示話語，似乎鋪陳了這個男孩的悲慘命運，迫使他走上悲慘的路途。然而，這段故事必須進一步深究。

一個希望徹底避開這些可怕事情的人，為什麼會被引導至殺死自己的父親？原因是伊底帕斯一直為腳疾所苦，而在往底比斯（他為了逃避命運而前去此地）的山腳下，他遇到一位脾氣暴躁的人，以馬車輾過了他疼痛的腳！伊底帕斯做出激烈反應，大發雷霆，一棒致命地打死了這個冒失的人。他稍後才發現，受害者不是別人，正是他的生父底比斯國王。

請你猜猜看，如果伊底帕斯讀了本書第三章「佛洛伊德教我們，原諒那些傷人的話語，你的敵人不知道自己的內心受傷了」，還會不會過度反應？我們完全無法確定，因為標題說的是傷人的話語，而不是傷人的行為。第三章的重點是掌握我們對言語攻擊（侮辱、謾罵等）的反應；但它忽略了一個事實，我們可以（或是必須）變得能夠像面對言語攻擊一樣，控制我們對攻擊行為的反應。眾所皆知，（精神、語言世界的）屈辱的痛苦比身體遭到衝擊後的痛苦更持久，會更鮮明地留在記憶裡。伊底帕斯和我們一樣，活在運用語言的文明世界之中。「太初有道註5」，這是聖經的開場白，但不是萬事萬物都構築在言語之上。如果伊底帕斯學會留意自己對身體疼痛的過度反應，這段神話故事便能劃上休止符了。

註5

譯註：英文原文為In the beginning was the Word，the Word有「道」、「聖言」、「話語」之意。

如何身體力行？

這裡只舉出兩個例子，以開拓讀者對於某些實踐的視野。這些實踐並不把身體看作相對於大腦、或多或少具有自主性的外部器官，而是當作我們存在的重要組成部分。一例是冥想，另一例則是瑜伽（即便這兩者有部分交集）。

「當無奪取的欲念時，心中便生喜樂。註6」

——《瑜伽經》

● 來自東方的冥想技巧都經過重新調整，以適用西方的環境背景。但是，除了做出的各種改版之外，給予修習者的目標是共同的（正念、正念減壓、禪修等）：逐步地建構自己，透過放下污染心智

註6

波顛闍利（Patanjali），《瑜伽經》（*Yoga sutra*）——瑜伽原則的格言錄，II，37。譯註：梵文原文譯為「不偷盜，一切的珠寶將現身眼前」。

的執念，走上通往幸福的道路。我們的執迷是凝結不化的欲望，擋住我們的視野，就像一棵緊貼窗戶的大樹，使人見樹不見林。冥想的挑戰不是移走那棵大樹（令我們執迷的事物），更不是移走其他棵樹木（較無關緊要的欲望），而是找出充滿壓力的大腦和身體匱乏的東西——些許平靜、緩慢、延續性，藉以擺脫只見面前龐然大樹，而不見森林中渺小林木的錯覺。放下執念，不是逃出窗外、隨風飄蕩，而是有能力選擇我們所服從的事物，選擇我們的承諾。

「冥想確實使我們更快樂，即便這不是它最初的目的。」

——克里斯多夫．安德烈註7

經常練習冥想，可能讓你以一種出乎意料的過程來轉化負面情

註7

Christophe André，在其著作《冥想：每天，留3分鐘給自己》（*Trois minutes à méditer*，巴黎，L'Iconoclaste出版社，2017年）出版時，於《女性有機》（*Fémininbio*）雜誌受訪時說的話，2017年6月20日。

緒。與其試圖逃避或擺脫負面情緒，不如觀察、消化、吸收，並將它們融入我們真正關注的、當下的樂趣。痛苦的情緒不會消失，但它們能以相對的角度被看待，不再占據所有的思緒。在兩千年前的羅馬，愛比克泰德邁開第一步，向我們解釋，傷害我們的不是那些降臨在我們身上的悲劇，而是我們對它的看法。冥想技巧奠基在相同的原則上，但加入了一個重要元素：向我們解釋，如何具體地確保那些發生在我們身上的悲劇，不會壓倒我們。採取行動的這個面向，使得西方與東方傳統大不相同，因為我們可以隨時冥想，而不必讓自己擺出怡然自得的蓮花姿態（請參閱充斥媒體的相關主題照片）。我們可以在日常活動中隨時進行冥想，像是淋浴時、走在大街上前往辦公室時、準備晚餐時。每天的行為所帶來的幸福程度，當然取決於這些行為的性質，也同樣取決於我們對這些行為的參與，而不必花費時間去預期未來和反思過去。

克里斯多夫．安德烈清楚解釋了冥想和放鬆之間的區別。「在放鬆的過程中，你試著在一個舒適的環境裡舒展自己、想像愉快的事物。反過來，冥想澆灌生活中所有的時刻，無論好或壞。你可以在洗碗的同時，冥想你的死亡、疾病、幸福、雞毛蒜皮的小事等等。」

● 當我們感到焦慮或有壓力時，會出現肌肉緊繃（「腰背好緊繃」註8、心跳加快、血壓升高、胃痛、睡不好、想攝取不合宜的食物，身體和心靈之間開始形成惡性循環。在瑜伽中，這兩者之間的差異並不是完全切割的（與西方一樣，負責指揮的是大腦），雖然存在差異性，但身體可以對心靈產生回溯的作用。

註8

譯註：法文的「腰背好緊繃」，指的是厭煩、受夠了的意思。

最初，瑜伽是一種身體練習，為達成靈性目標的冥想做好準備。在西方當代的改版中，瑜伽已經翻轉成為一套健身類型的技術，很容易在心理層面看出成效。身體健康會對心靈幸福產生影響，已在多項研究中得到證實。那些追蹤癌症手術患者的醫生，也知道身體修復對心理健康產生何等的回溯力，不僅適用於嚴重病症，對罹患心理疾病的人更是如此。從瑜伽士身上，可以發現瑜伽具有普遍的療效。瑜伽士以循序漸進的方式，訓練自己有意識地控制呼吸，並耐心地深入鑽研、練習瑜伽體式。

除了身體改善心理的這些好處之外，修習瑜伽第二個同樣重要的層面，在於培養一顆真正謙卑的心，在那些經年累月練習瑜伽的人身上就可以見到。這種謙卑心態，與西方個人主義文明中的自我迷戀形成鮮明對比。因此，對於那些在Instagram發布照片、秀出自己精湛體式的瑜伽士，你可以抱持懷疑（或微笑）；這種暴露癖好與真正的瑜伽修習截然相反。即便人們達到了無比高深的專業水準和柔軟度，也不該自拍、向所有人展示自己能夠擺出令人嘆為觀止的姿勢。瑜伽是一種謙虛且耐心的練習，且適合每個人。

瑜伽教會我們這種形式的耐心和謙遜，並且融入日常生活。我們變得能夠承認自己不是世界上最偉大或最強悍的人。沒錯，「成熟」就是承認自己沒有那麼偉大，但不因此垂頭喪氣；反過來，只要我們相信自己很偉大，或是相信自己將會很偉大，我們就仍是個孩子、一個不成熟的人。這個總結，跟精神分析的結論是一樣的：成為一個大人，接受自己的缺點和失敗，不但不為此所苦，反而能夠一笑置之，虛心邁步向前，這便是成功療程的準則。

精神分析的技術，首先是針對所有受苦的人，而放下執念的技巧，是針對更廣大的群眾。它們的路徑有著截然不同的起點，但目標是一樣的——佛洛伊德當初應該建議他的一些病人練習冥想或做點瑜伽才對。

國家圖書館出版品預行編目資料

像佛洛伊德一樣反應與思考／皮埃爾.瓦羅德（Pierre Varrod）著；姜盈謙譯. -- 初版. -- 新北市：方舟文化, 遠足文化事業股份有限公司, 2023.05
面；　公分. -- (心靈方舟；51)
譯自：Agir et penser comme Freud
ISBN 978-626-7291-20-7(平裝)

1.CST: 佛洛伊德(Freud, Sigmund, 1856-1939)
2.CST: 學術思想 3.CST: 精神分析學

175.7　　112003811

心靈方舟 0051

像佛洛伊德一樣反應與思考

Agir et penser comme Freud

作　　者　皮埃爾・瓦羅德（Pierre Varrod）
譯　　者　姜盈謙
封面設計　Active Creative Design
封面插畫　Active Creative Design
內頁設計　Atelier Design Ours
特約編輯　張宜倩
企畫統籌　一起來合作
主　　編　錢滿姿
行銷主任　許文薰
總 編 輯　林淑雯

讀書共和國出版集團
社長　郭重興
發行人　曾大福

業務平臺
總經理　李雪麗
副總經理　李復民
實體暨網路通路組　林詩富、郭文弘、賴佩瑜、王文賓、周宥騰、范光杰
海外通路組　張鑫峰、林裴瑤
特販通路組　陳綺瑩、郭文龍
印務部　江域平、黃禮賢、李孟儒

出 版 者　方舟文化／遠足文化事業股份有限公司
發　　行　遠足文化事業股份有限公司
231新北市新店區民權路108-2號9樓
電話：（02）2218-1417　傳真：（02）8667-1851
劃撥帳號：19504465　戶名：遠足文化事業股份有限公司
客服專線：0800-221-029　E-MAIL：service@bookrep.com.tw
網　　站　www.bookrep.com.tw
印　　製　東豪印刷事業有限公司　電話：（02）8954-1275
法律顧問　華洋法律事務所　蘇文生律師
定　　價　360元
初版一刷　2023年5月

方舟文化官方網站　方舟文化讀者回函